C# ESSENCIAL

UM GUIA PARA INICIANTES NO DESENVOLVIMENTO DE SOFTWARE

Maricá - Brasil - 2023

Dados Internacionais de Catalogação na Publicação (CIP)
(Câmara Brasileira do Livro, SP, Brasil)

Santos, Ronaldo Cesar E. dos
   C# essencial : um guia para iniciantes no desenvolvimento de software / Ronaldo Cesar E. dos Santos. -- 1. ed. -- Rio de Janeiro : Arcádia Sistemas, 2023.

   Bibliografia.
   ISBN 978-65-981159-1-3

   1. Android (Programa de computador) 2. Ciência da computação 3. Desenvolvimento de sistemas 4. Framework (Programa de computador) 5. LINUX (Sistema operacional de computadores) 6. Software - Desenvolvimento 7. Software aplicativo - Desenvolvimento 8. Windows (Programa de computadores) I. Título.

23-170217   CDD-005.1068

Índices para catálogo sistemático:

1. Software : Desenvolvimento : Projetos :
     Gerenciamento : Ciência da computação
     005.1068

Aline Graziele Benitez - Bibliotecária - CRB-1/3129

DEDICATÓRIA

Sem a menor sombra de dúvidas, este livro é dedicado à Deus, à sua Mãe, a Virgem Maria, aos meus pais, Jorge e Neuza, ao meu querido irmão, Júlio Cesar, à minha esposa, amiga e verdadeira companheira nas horas boas e, principalmente, nas mais difíceis, Glaucia Santos, e ao pedaço do meu coração que bate fora do meu peito: a minha filha, Ana Luisa.

Ronaldo Cesar E. dos Santos

PREFÁCIO

Em um mundo onde a tecnologia evolui a cada instante, aprender a programar tornou-se uma habilidade indispensável, não só para profissionais da área de TI, mas para qualquer um que deseje compreender os mecanismos que governam o mundo digital. Neste contexto, "C# ESSENCIAL - UM GUIA PARA INICIANTES NO DESENVOLVIMENTO DE SOFTWARE" surge como uma referência imperdível.

Ronaldo não é apenas um matemático ou analista de sistemas. Além de ótimo pai, meu marido e companheiro de vida, é um profissional dedicado, com mais de três décadas de experiência em análise de sistemas, docência em universidades públicas e privadas e bem mais de vinte anos de serviço dedicados às Forças Armadas. O contexto histórico no qual Ronaldo nos envolve vai além dos limites da programação, trazendo ao leitor uma visão completa que une o pragmatismo profissional ao significado da vida.

Este livro foi projetado como um guia que cobre tópicos essenciais para quem deseja iniciar com o C#. A estrutura do livro te conduz através de tópicos como as bases do Visual Studio, aplicações com bancos de dados, chegando a aplicações mais complexas para dispositivos móveis, com .NET MAUI, sem esquecer da integração com Linux e Visual Studio Code.

Um aspecto particularmente louvável deste livro é a atenção que Ronaldo dá aos pequenos detalhes, aos "óbices" que podem atrapalhar os iniciantes. Quem já percorreu o caminho do aprendizado em programação sabe bem que, pequenos erros e contratempos podem ser frustrantes. Com uma abordagem direta e pessoal, ele oferece soluções práticas para esses problemas, tornando a jornada do leitor menos árdua e mais recompensadora.

Por não ser da área de programação, eu confesso ter ficado intimidada ao receber o convite para escrever este prefácio. Para quem cursou Pedagogia e sempre trilhou o cominho das letras, falar sobre um livro de programação em C# não é uma tarefa muito simples. Tudo bem que o convívio diário com o Ronaldo facilitou bastante, afinal de contas, em todo o nosso relacionamento, antes e depois do casamento, ele sempre estava envolvido com algum projeto, sempre estava programando alguma coisa.

A tarefa não foi difícil e a cada capítulo que eu lia, percebia que o objetivo fora alcançado. O tom do livro é excepcionalmente equilibrado: é profissional, mas não intimidador; é casual, mas não simplista. O Ronaldo utiliza a primeira pessoa para compartilhar sua vasta experiência, tornando a aprendizagem uma jornada conjunta em vez de uma lição unilateral. Ao final do livro até eu já estava querendo saber mais do C#!

*Mas, o que realmente distingue este livro, tornando-o especial, é a mensagem de vida que ele carrega. Ronaldo sobreviveu a um infarto e a uma cirurgia cardíaca muito complexa. Ele reconhece que, na programação e na vida, os desafios são apenas parte do processo. Sua mensagem final é clara: **o verdadeiro sentido da vida é viver**. E este livro, sem dúvida, será uma ferramenta valiosa para quem busca viver em um mundo cada vez mais codificado.*

"C# ESSENCIAL" se apresenta como um farol, guiando os iniciantes através das águas por vezes turvas da programação, oferecendo a todos uma perspectiva enriquecedora que apenas alguém com muita experiência poderia fornecer. Se você tem interesse em aprender C# e deseja fazê-lo de forma alicerçada, clara e com conselhos de quem realmente entende do assunto, você não pode deixar de ler este livro.

Boa leitura e, como diria Ronaldo, aproveite para viver!

Glaucia Santos

APRESENTAÇÃO DO LIVRO

Bem-vindo ao **"C# Essencial: Um Guia para Iniciantes no Desenvolvimento de Aplicações"**. Se você está segurando este livro ou, talvez, lendo em uma tela em um dispositivo móvel, significa que você deu o primeiro passo em uma jornada emocionante para aprender a programar com uma das linguagens mais populares e poderosas do mundo: o *C#*.

Eu escrevi este livro pensando especialmente em você, que pode estar começando do zero. O objetivo é conduzi-lo, de maneira amigável e acessível, ao universo do desenvolvimento de aplicações com C#. Foram mais de cinco anos para realizar o projeto e muitos obstáculos pelo caminho. Mas, finalmente, aí está!

O livro está estruturado em uma progressão lógica, começando pela apresentação da linguagem C#, passando pela instalação do ambiente de desenvolvimento, conhecendo o mundo dos bancos de dados, explorando os fundamentos do C# e avançando para a criação de aplicações variadas, como Windows Form, aplicações console, aplicações web com ASP .NET, web services, e aplicações móveis com .Net MAUI. Além disso, ainda aborda o uso do Visual Studio Code em ambiente Linux.

A estrutura do livro tem um propósito duplo. Primeiro, fornece uma fundação sólida em C#, garantindo que você entenda completamente como a linguagem funciona. Depois, apresenta uma visão geral dos diferentes tipos de aplicações que podem ser desenvolvidas com C#, dando a você uma ideia de todas as possibilidades que esta poderosa linguagem oferece.

Com o avançar da leitura, você encontrará alguns trechos de código e códigos de programas completos. Todos funcionais e que podem, e devem, ser replicados e testados no seu próprio ambiente de desenvolvimento. Sempre que possível, os códigos são apresentados em uma única página. Mas, em alguns casos o código é um pouco extenso e transpassa para a página seguinte. Não deu para evitar!

Embora este livro seja um guia para iniciantes, não subestime o quão longe você pode ir com o conhecimento adquirido aqui. O mundo da programação é vasto e sempre evoluindo, e este livro é a porta de entrada para você explorar todo esse universo.

E para você que está iniciando sua caminhada no mundo da programação, uma dica: *não fundamente sua carreira em uma linguagem de programação*. Entenda que a linguagem de programação é apenas uma ferramenta que lhe permite resolver um problema de forma adequada! Da mesma forma que você não deve usar uma chave Phillips para apertar um parafuso de fenda, que não deve usar uma chave de ¼ de polegada para apertar um parafuso de 1 polegada, você não deve ter a expectativa de que uma única linguagem de programação seja a ferramenta adequada para resolver todos os problemas, mesmo quando tiver em mãos um ótimo canivete suíço.

Durante a minha jornada profissional eu trabalhei com várias linguagens, algumas quase virais, como o Delphi. Não era o caso do Delphi, porque ele realmente estava acima da média, mas o mercado às vezes parece indicar linhas de tendência, em termos de linguagem de programação, que os jovens programadores adotam como solução para tudo. Parece que um IDE rico em detalhes visuais, com foco em arrastar e soltar e, preferencialmente, que exija pouca codificação é a solução para todos os problemas do mundo.

Ainda que seja absolutamente verdadeiro que um bom IDE facilita bastante o trabalho, seria muito bom você ter uma verdadeira noção do que um compilador *C* é capaz de fazer. E para melhor contextualizar o **C#**, saiba que o **Java** foi escrito principalmente na linguagem de programação *C*, com algumas partes escritas em *C++*, que o **Python** foi escrito na linguagem *C* (por isso, a implementação mais conhecida e usada do Python é frequentemente chamada de *CPython*). O compilador original para *C#*, o *"csc.exe"*, foi escrito em C++. Com o passar dos anos, a Microsoft desenvolveu uma nova versão do compilador C# chamada *Roslyn*, que exigiu que o compilador C# fosse completamente reescrito. E esta nova versão foi escrita em **C#**! Sim, o compilador Roslyn é um exemplo de bootstrapping, onde o compilador é escrito na mesma linguagem que ele compila. Desta forma, as versões mais recentes do compilador C# são escritas em C#.

Se você percebeu que esta pequena sutileza destaca o C# de outras linguagens poderosas, robustas, conhecidas e reconhecidas pelo mercado, prepare-se para iniciar uma jornada incrível em C#!

SUMÁRIO

CAPÍTULO

1

INTRODUÇÃO

1.1 - Como utilizar este livro

Ao embarcar na leitura deste livro, você está prestes a iniciar uma jornada emocionante de aprendizado e descoberta. Para ajudá-lo a obter o máximo dessa experiência, gostaria de compartilhar algumas dicas sobre como utilizar este livro de maneira eficaz.

1. **Leia sequencialmente**: Este livro foi projetado para ser lido do começo ao fim. Cada capítulo se baseia nos conhecimentos apresentados nos capítulos anteriores, o que significa que se você pular um capítulo, poderá perder informações importantes. Mesmo que você já tenha alguma experiência com C# ou programação em geral, eu aconselho a ler todos os capítulos para garantir que você não perca nenhum detalhe.
2. **Pratique regularmente**: A programação é uma habilidade prática. Quanto mais você codifica, melhor você se torna. Cada capítulo deste livro contém exemplos de código para reforçar e consolidar o que você aprendeu. Faça o possível para dedicar um tempo para trabalhar nesses exercícios.
3. **Não tenha medo de errar**: A programação é também sobre resolver problemas, e enfrentar erros e falhas é uma parte significativa desse processo. Se você encontrar um erro ou se algo não funcionar como esperado, não desanime. Em vez disso, tente entender o que deu errado e como você pode corrigir isso. O processo de depuração e resolução de problemas ajudará a melhorar suas habilidades de programação.
4. **Faça anotações**: Ao aprender algo novo, pode ser útil fazer anotações. Anote qualquer coisa que pareça importante ou que você queira lembrar mais tarde. Você pode também querer anotar quaisquer perguntas que surgirem enquanto você está lendo, para que possa procurar as respostas mais tarde.
5. **Pesquise mais**: Embora este livro seja um guia completo para iniciantes em C#, há muito mais a aprender sobre programação e desenvolvimento de software. Não tenha medo de explorar outros recursos, fazer cursos adicionais ou participar de comunidades de programação para expandir ainda mais seus conhecimentos.

Lembre-se, a jornada de aprendizado de cada um é única. Avance no seu próprio ritmo, pratique regularmente e, acima de tudo, divirta-se no processo. A programação não é apenas uma habilidade útil, mas também uma atividade criativa e gratificante.

Espero que você encontre neste livro o conhecimento fundamental para alicerçar seu crescimento pessoal e profissional. Agora, vamos começar nossa jornada no mundo da programação com C#!

1.2 - Apresentação da linguagem C#

Neste capítulo, quero apresentar a você a linguagem de programação C#. Vamos explorar o que é o C#, onde ele se encaixa no mundo da programação, e por que você pode querer aprender a programar com ele.

O **C#** é uma linguagem de programação moderna, orientada a objetos, desenvolvida pela Microsoft e lançada no ano 2000. Ela foi projetada por **Anders Hejlsberg**, um renomado engenheiro de software que também foi um dos principais contribuidores para a criação do *Turbo Pascal*, *Delphi* e *TypeScript*.

O C# foi projetado para ser uma linguagem simples e fácil de usar, mas ao mesmo tempo poderosa e flexível. O C# faz parte da plataforma .NET da Microsoft, o que significa que pode ser usado para desenvolver uma variedade de aplicações, desde aplicativos para desktop até aplicativos para a Web, que funcionam no Windows, no Mac e no Linux, e também serviços Web.

Uma das principais características do C# é sua ênfase na produtividade. O C# tem uma sintaxe limpa e fácil de ler, o que facilita a escrita e a manutenção do código. Além disso, ele inclui uma série de recursos modernos que permitem que os programadores expressem suas ideias de maneira concisa e eficaz. Por exemplo, o C# oferece suporte à programação assíncrona (para melhorar o desempenho das aplicações), programação orientada a objetos (para organizar o código de maneira eficaz), e LINQ (uma forma poderosa e flexível de trabalhar com dados), para citar apenas alguns.

Outra razão pela qual muitos programadores gostam de usar C# é que ele é apoiado por uma ampla gama de ferramentas de desenvolvimento. O ambiente de desenvolvimento mais popular para o C# é o **Visual Studio**, uma ferramenta de desenvolvimento integrada (IDE) que oferece recursos como depuração de código, designer de interface do usuário, gerenciamento de banco de dados, integração com o controle de versão, e muito mais. O C# também é suportado pelo **Visual Studio Code**, um editor de código leve e multiplataforma que é altamente personalizável.

Finalmente, vale a pena mencionar que o C# é uma linguagem em constante evolução. A Microsoft continua a adicionar novos recursos e melhorias à linguagem, para que ela continue relevante e eficaz para os desafios da programação moderna. Ao aprender C#, você estará adquirindo uma habilidade que é valiosa agora e continuará sendo no futuro. Seja você um programador iniciante procurando sua primeira linguagem de programação, ou um desenvolvedor experiente procurando expandir seu conjunto de habilidades, o C# tem muito a oferecer.

Estou ansioso para apresentar a você os recursos e possibilidades dessa linguagem incrível nos próximos capítulos.

1.3 - História e evolução do C#

A história do C# começa com a Microsoft e sua busca para competir no espaço da linguagem de programação. No final dos anos 90, a Microsoft reconheceu a necessidade de uma linguagem de programação moderna que pudesse ajudar os desenvolvedores a criar uma nova geração de aplicativos para a Web e para o Windows. A linguagem *Java* estava ganhando popularidade na época, mas a Microsoft queria criar uma linguagem que estivesse mais alinhada com a plataforma Windows.

Anders Hejlsberg, que havia sido o principal arquiteto da linguagem de programação Turbo Pascal da Borland e estava trabalhando na Microsoft na época, foi encarregado de liderar o projeto. A nova linguagem, chamada C#, foi oficialmente lançada pela Microsoft no ano 2000 como parte de sua nova plataforma .NET.

O C# foi projetado para ser uma linguagem de programação simples, moderna, orientada a objetos e fortemente tipada, que encorajasse a produtividade do desenvolvedor. A sintaxe de C# foi fortemente influenciada pelo *C* e *C++*, mas incluiu muitas das inovações vistas em outras linguagens de programação modernas, como *Java* e *Delphi*.

Desde seu lançamento, o C# passou por várias versões, cada uma adicionando novos recursos e melhorias. Por exemplo, em 2005, o C# 2.0 adicionou recursos significativos como tipos genéricos, métodos anônimos e iteradores. A versão 3.0, lançada em 2007, introduziu recursos como expressões lambda e a linguagem de consulta integrada, ou LINQ. A versão 4.0 trouxe a programação dinâmica e os tipos de referência nomeados.

As versões mais recentes de C# continuaram a adicionar recursos modernos e poderosos, como a programação assíncrona, expressões regulares e muito mais. Além disso, a Microsoft decidiu abrir o código fonte do compilador C# em 2014, o que permitiu à comunidade de desenvolvimento participar mais ativamente do desenvolvimento da linguagem.

Preciso abrir um pequeno parêntesis para falar algo que talvez você não saiba: *a Microsoft tornou-se membro da **Linux Foundation** em novembro de 2016*. Ao se juntar à Linux Foundation como um *membro Platinum*, a Microsoft reforçou seu compromisso com o software de código aberto (open source) e a colaboração com a comunidade de desenvolvimento. Esse movimento foi uma etapa significativa na evolução da relação da Microsoft com o Linux e o software de código aberto, uma vez que a empresa e o Linux não tinham a melhor das relações nas décadas anteriores.

Hoje, o C# é uma das linguagens de programação mais populares do mundo. Ele é usado por milhões de desenvolvedores para criar uma variedade de aplicativos, desde jogos até aplicações de negócios e serviços web.

A história do C# é uma história de inovação e evolução. Como linguagem, o C# tem se adaptado constantemente para atender às necessidades dos desenvolvedores e aos desafios da programação moderna.

1.4 – Por que aprender C#

Se você está se perguntando *"Por que eu deveria aprender C#?"*, aqui estão algumas razões que podem ajudar a esclarecer a importância e os benefícios desta linguagem de programação:

1. **Linguagem versátil**: C# é uma linguagem de programação extremamente versátil que pode ser usada para desenvolver uma ampla variedade de aplicativos. De aplicações desktop a jogos (com o uso da plataforma Unity), aplicações móveis (usando .NET MAUI), serviços web e aplicações web (usando ASP.NET), C# oferece uma gama completa de possibilidades.

2. **Demanda de mercado**: A demanda por desenvolvedores C# é alta e continua crescendo. C# é uma das principais linguagens utilizadas no desenvolvimento de aplicações empresariais. Além disso, com o crescimento da indústria de jogos e o uso do C# na plataforma de desenvolvimento de jogos Unity, as oportunidades são ainda mais amplas.

3. **Suporte da Microsoft**: C# é uma linguagem de programação desenvolvida pela Microsoft, o que significa que vem com forte suporte, documentação extensa e uma comunidade de desenvolvedores ativa e prestativa. Além disso, a Microsoft investe fortemente no desenvolvimento e na promoção do C#, garantindo que a linguagem continue a evoluir e permaneça relevante.

4. **Produtividade do desenvolvedor**: Uma das principais metas do C# é aumentar a produtividade do desenvolvedor. Isso é evidente em sua sintaxe limpa e legível, e em recursos como a tipagem estática, que podem reduzir o tempo e o esforço necessários para depuração.

5. **Linguagem moderna**: C# é uma linguagem moderna, projetada para lidar com os desafios da programação atual. Ela oferece recursos poderosos, como programação orientada a objetos, suporte a multithreading, gestão automática de memória, e é constantemente atualizada para incluir novos recursos e seguir as tendências atuais de programação.

6. **Plataforma .NET**: Ao aprender C#, você também está aprendendo a plataforma .NET, que é uma plataforma de desenvolvimento de software altamente popular e poderosa. O .NET oferece um amplo conjunto de bibliotecas de classes, além de suporte para desenvolvimento multiplataforma com o .NET Core.

Então, por que aprender C#? Seja pela demanda de mercado, pela versatilidade da linguagem ou pelo suporte da Microsoft, C# é uma linguagem de programação valiosa para você adicionar ao seu conjunto de habilidades. E com este livro, espero tornar a sua jornada mais fácil e agradável possível!

CAPÍTULO 2

O VISUAL STUDIO

2.1 - Apresentando o Visual Studio

O Microsoft Visual Studio é um dos ambientes de desenvolvimento integrado (IDEs) mais poderosos e amplamente utilizados no mundo do desenvolvimento de software. Não é apenas a ferramenta mais escolhida para a programação em C#, mas também suporta uma ampla variedade de outras linguagens de programação, tornando-a uma ferramenta extremamente versátil.

Quando a Microsoft lançou o Visual Studio em 1997, o mercado de desenvolvimento de software já estava em crescimento e passando por mudanças significativas. Naquela época, os IDEs (Ambientes Integrados de Desenvolvimento) ainda estavam evoluindo e se tornando mais populares entre os desenvolvedores.

Antes do Visual Studio, muitos IDEs eram específicos para uma linguagem de programação ou plataforma. Por exemplo, havia IDEs dedicados ao desenvolvimento em C++, outros para Visual Basic e assim por diante. Isso significava que os desenvolvedores muitas vezes precisavam usar várias ferramentas diferentes para trabalhar em projetos que envolviam várias linguagens ou tecnologias.

Os IDEs daquela época eram, em geral, menos sofisticadas do que os que temos hoje. Eles ofereciam recursos básicos de edição de código, depuração e compilação, mas não eram tão integrados e abrangentes quanto o Visual Studio se tornou.

Outros IDEs já eram populares em seus respectivos domínios. Por exemplo, o Borland Delphi era conhecido por sua eficiência no desenvolvimento rápido de aplicativos Windows. O Turbo Pascal, também da Borland, era uma opção popular para programação em Pascal. Além disso, o IDE Eclipse estava começando a ganhar força, especialmente na comunidade de desenvolvedores Java.

Como os IDEs não eram tão completos e unificados, os desenvolvedores muitas vezes precisavam personalizar seus ambientes de desenvolvimento para atender às suas necessidades específicas, adicionando plug-ins ou extensões.

Com o lançamento do Visual Studio, a Microsoft conseguiu reunir várias linguagens de programação, oferecer um conjunto completo de ferramentas de desenvolvimento e proporcionar uma experiência integrada para os desenvolvedores. Isso ajudou a estabelecer o Visual Studio como um dos principais IDEs disponíveis e contribuiu para a sua crescente popularidade na comunidade de desenvolvimento de software.

A Microsoft desenvolveu o Visual Studio com o objetivo de criar uma ferramenta poderosa e abrangente para desenvolvedores de software. A empresa percebeu que havia uma crescente demanda por ambientes integrados de desenvolvimento que facilitassem a criação de aplicativos, tanto para suas próprias plataformas quanto para outras tecnologias.

A motivação da Microsoft para criar o Visual Studio incluiu diversos objetivos, dentre os quais:

1. **Melhorar a produtividade dos desenvolvedores**: A Microsoft queria fornecer uma ferramenta completa que integrasse várias funcionalidades, como edição de código, depuração, gerenciamento de projetos e compilação, para melhorar a eficiência e a produtividade dos desenvolvedores.

2. **Oferecer suporte a múltiplas linguagens e plataformas**: O Visual Studio foi projetado para ser uma solução flexível, capaz de trabalhar com várias linguagens de programação, como *C++, C#, Visual Basic, F#, Python*, entre outras. Além disso, ele oferece suporte a várias plataformas, como *Windows, Android, iOS* e outros.

3. **Facilitar o desenvolvimento para a plataforma Windows**: A Microsoft queria fornecer uma ferramenta que tornasse mais fácil e atraente para os desenvolvedores criarem aplicativos para o sistema operacional Windows e outras tecnologias da Microsoft.

4. **Integração com outras tecnologias e serviços da Microsoft**: O Visual Studio foi projetado para trabalhar de forma integrada com outras ferramentas e serviços da Microsoft, como o Azure, facilitando o desenvolvimento de aplicativos em nuvem e serviços conectados.

5. **Promover a comunidade de desenvolvedores**: Ao fornecer uma ferramenta robusta e de alta qualidade, a Microsoft esperava atrair mais desenvolvedores para sua plataforma, criando uma comunidade forte e ativa em torno do Visual Studio.

Esses objetivos combinados ajudaram a Microsoft a criar uma ferramenta líder no mercado de software, que é amplamente utilizada por desenvolvedores em todo o mundo para criar uma ampla variedade de aplicativos e serviços.

Suporte a Linguagens de Programação

O Visual Studio suporta uma grande variedade de linguagens de programação. Dentre elas, as mais importantes incluem:

C#

Uma das principais linguagens do Visual Studio, usada para tudo, desde o desenvolvimento para desktop e aplicativos da web até o desenvolvimento de jogos com o Unity.

Visual Basic .NET

Embora menos popular que o C#, ainda é amplamente utilizada, principalmente por aqueles que migram do Visual Basic 6.

C++

O Visual Studio é um dos melhores IDEs para desenvolvimento em C++ no Windows.

F#

Uma linguagem funcional que também é suportada pelo .NET, embora seja menos comum que C#.

Python e R

O Visual Studio também oferece suporte a essas linguagens, que são especialmente úteis para análise de dados e aprendizado de máquina.

JavaScript/TypeScript

Para desenvolvimento web, o Visual Studio oferece suporte robusto para *JavaScript* e seu superconjunto tipado, *TypeScript*.

É importante ressaltar que, além das linguagens já citadas, o Visual Studio também oferece suporte a uma ampla gama de outras linguagens por meio de extensões, graças à sua arquitetura altamente extensível. Essas extensões são adicionadas pela comunidade de desenvolvedores, empresas e pela própria Microsoft, permitindo que o IDE seja personalizado de acordo com as necessidades do projeto em questão. Por exemplo, desenvolvedores de aplicativos móveis podem usar a extensão .NET MAUI para desenvolver aplicativos para Android, iOS, Windows e Mac usando o C#.

Desenvolvedores de bases de dados podem instalar extensões para trabalhar com SQL Server, MySQL, Azure Data Lake, entre outros. Você vai perceber que várias linguagens têm extensões que permitem o seu uso no Visual Studio.

Assim, o Visual Studio se torna muito mais do que apenas um IDE para C#, mas um ambiente poliglota, capaz de atender a uma ampla variedade de necessidades de desenvolvimento. Essa extensibilidade e versatilidade são alguns dos motivos pelos quais o Visual Studio é uma das ferramentas de desenvolvimento mais populares e amplamente utilizadas no mundo.

Versões do Visual Studio

Existem várias versões do Visual Studio, cada uma atendendo a um público específico. Aqui estão as mais importantes:

Visual Studio Community

Esta é a versão gratuita do Visual Studio, destinada a estudantes, desenvolvedores individuais e projetos de código aberto. É uma opção rica em recursos que fornece uma grande parte da funcionalidade do Visual Studio.

Visual Studio Professional

Destinada a pequenas equipes, essa versão paga oferece ainda mais recursos, incluindo ferramentas de desenvolvimento colaborativo.

Visual Studio Enterprise

A versão topo de linha do Visual Studio, oferecendo o máximo de funcionalidade, incluindo recursos avançados de teste e depuração para grandes equipes e empresas.

Neste tópico, vou conduzi-lo pelo processo de instalação do Visual Studio em seu computador.

A primeira coisa que você precisa fazer é baixar o instalador do Visual Studio. Você pode fazer isso visitando o site oficial da Microsoft (https://visualstudio.microsoft.com/pt-br/downloads/). Há várias versões disponíveis, mas para a maioria dos desenvolvedores, a versão Community é mais do que suficiente e será a que teremos por referência. Essa versão é gratuita para estudantes, usuários individuais e projetos de código aberto.

O instalador do Visual Studio é um arquivo de bootstrapper. E, é claro, você deve estar se perguntando: mas o que é um arquivo de bootstrapper?

Um arquivo de bootstrapper para instalação do Visual Studio é um pequeno programa que facilita o processo de instalação do Visual Studio e de outros componentes relacionados. Ele é projetado para baixar e instalar todos os componentes necessários para a configuração do ambiente de desenvolvimento, garantindo que você obtenha a versão correta do Visual Studio e os pacotes adicionais que você pode precisar.

O bootstrapper é executado antes do processo de instalação principal e é responsável por verificar os requisitos do sistema, como a versão do Windows e outros componentes pré-requisitos, baixar os arquivos necessários e, em seguida, iniciar o instalador do Visual Studio com as opções corretas.

Quando você baixa o instalador do Visual Studio a partir do site da Microsoft, na verdade, você está baixando um arquivo de bootstrapper, que é um instalador online. Esse bootstrapper é responsável por realizar o download dos arquivos do Visual Studio de acordo com as suas seleções de componentes e configurações durante o processo de instalação.

A utilização de um bootstrapper tem algumas vantagens:

1. **Menor tamanho de download**: O bootstrapper é menor do que a instalação completa do Visual Studio, pois ele só contém o necessário para iniciar o processo de instalação.
2. **Instalação personalizada**: O bootstrapper permite que você selecione os componentes específicos do Visual Studio que deseja instalar, evitando a instalação de componentes desnecessários.
3. **Atualizações mais recentes**: O bootstrapper sempre baixará a versão mais recente do Visual Studio e seus componentes, garantindo que você tenha as atualizações mais recentes.
4. **Requisitos do sistema**: O bootstrapper verifica os requisitos do sistema antes da instalação, garantindo que o seu computador atenda aos pré-requisitos necessários.

Em resumo, o arquivo de bootstrapper é uma forma prática e eficiente de instalar o Visual Studio, facilitando a obtenção da configuração correta do ambiente de desenvolvimento para as suas necessidades.

Depois de baixar o arquivo de bootstrapper, você poderá usá-lo para instalar o Visual Studio. O bootstrapper primeiro instalará a versão mais recente do Instalador do Visual Studio. O instalador é um programa separado que fornece tudo o que você precisa para instalar e personalizar o Visual Studio.

Para instalar o Visual Studio, faça o seguinte:

1. Na pasta de Downloads, clique duas vezes no bootstrapper chamado *VisualStudioSetup.exe* ou nomeie-o como *vs_community.exe* para iniciar a instalação.
2. Se você receber um aviso de Controle de Conta de Usuário, escolha **Sim**.
3. Caso deseje, nesta tela você poderá saber mais sobre os **Termos de Licença** (https://visualstudio.microsoft.com/license-terms/) da Microsoft e sobre a **Política de Privacidade** (https://privacy.microsoft.com/privacystatement) da Microsoft.
4. Escolha **Continuar**.

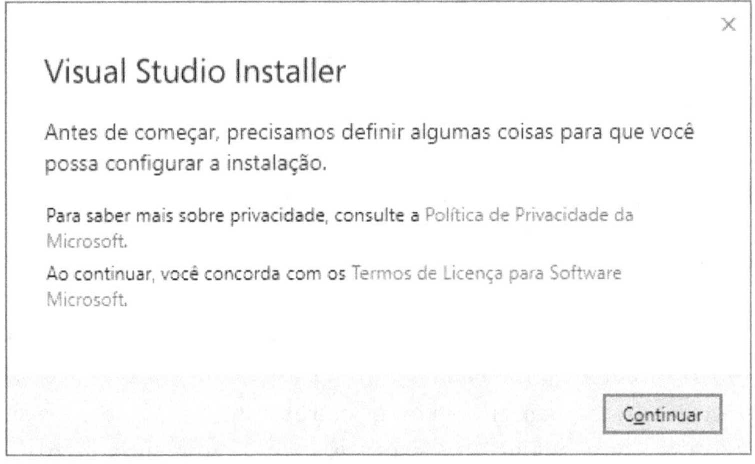

É importante observar que neste livro abordaremos a instalação padrão do Visual Studio. Contudo, caso você precise instalar o Visual Studio em um computador que tenha uma versão principal, anterior ou posterior, do Visual Studio já instalada, você pode seguir as instruções do guia disponível em: https://learn.microsoft.com/pt-br/visualstudio/install/install-visual-studio-versions-side-by-side?view=vs-2022#install-different-editions-within-the-same-major-visual-studio-version-side-by-side.

Observe, ainda, que no momento em que estou escrevendo o livro, a versão de referência é o **Visual Studio 2022.** Portanto, o "2022" que aparece em algumas URLs e em alguns pontos do livro deverá ser adequado, se necessário.

Após a instalação do instalador do Visual Studio, use-o para personalizar sua instalação selecionando os conjuntos de recursos ou cargas de trabalho desejados.

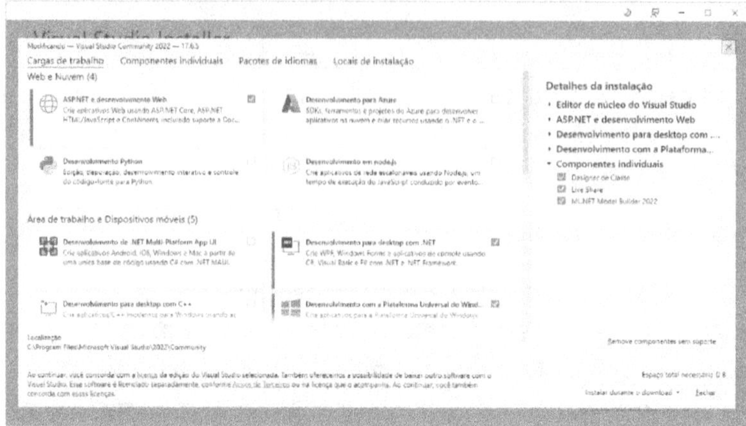

Examine os resumos da carga de trabalho para decidir qual carga de trabalho dá suporte aos recursos que você desejar. Por exemplo, escolha o ASP.NET e a carga de trabalho de **desenvolvimento da Web e ASP.NET** para editar páginas ASP.NET da Web com o Web Live Preview ou criar aplicativos Web responsivos com o Blazor ou escolha entre cargas de trabalho **Desktop & Mobile** para desenvolver aplicativos multiplataforma com projetos C# ou C++ direcionados ao C++20.

Se você não quiser usar o recurso de cargas de trabalho para personalizar a instalação do Visual Studio ou se desejar adicionar componentes além daqueles instalados por uma carga de trabalho, instale ou adicione componentes individuais por meio da guia **Componentes individuais**.

Neste ponto eu recomendo que você selecione *Designer de Classe* em **Componentes individuais**, como mostrado na próxima imagem. O Designer de Classe do Visual Studio é uma ferramenta visual para visualizar e editar as estruturas de suas classes e suas interações. Ele cria um diagrama que representa as classes do seu projeto e as relações entre elas, como herança e associações. E será muito útil mais à frente!

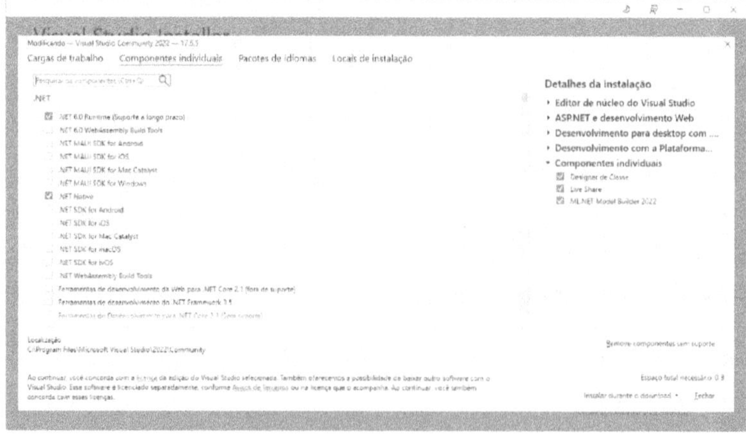

Por padrão, o programa do instalador tenta encontrar a correspondência do idioma do sistema operacional em uso. Para instalar o Visual Studio em um idioma de sua escolha, escolha a guia **Pacotes de idioma** do Instalador do Visual Studio e siga os prompts.

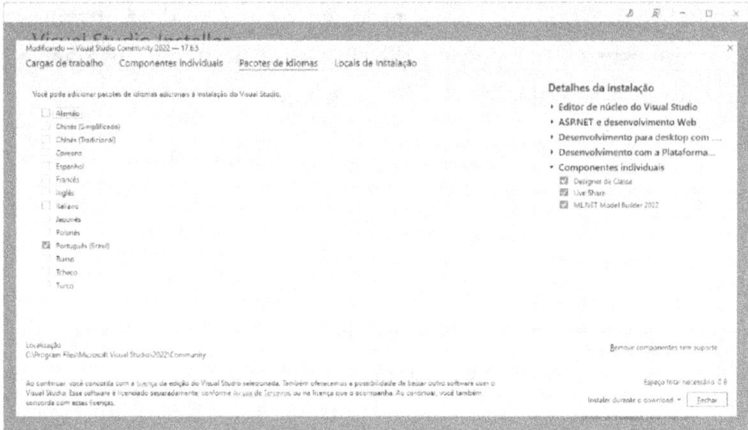

Outra maneira de alterar o idioma padrão é executar o instalador a partir da linha de comando. Por exemplo, é possível forçar a execução do instalador em inglês usando o seguinte comando:

SHELL

```shell
vs_installer.exe --locale en-US
```

O instalador memorizará essa configuração na próxima vez em que for executado.

O instalador dá suporte às seguintes localidades de idioma: *zh-cn, zh-tw, cs-cz, en-us, es-es, fr-fr, de-de, it-it, ja-jp, ko-kr, pl-pl, pt-br, ru-ru, and tr-tr.*

Você pode selecionar os locais de instalação no Visual Studio para, por exemplo, reduzir o volume de instalação do Visual Studio na unidade do sistema. Para obter mais informações, consulte as informações contidas nesta página: https://learn.microsoft.com/pt-br/visualstudio/install/change-installation-locations?view=vs-2022

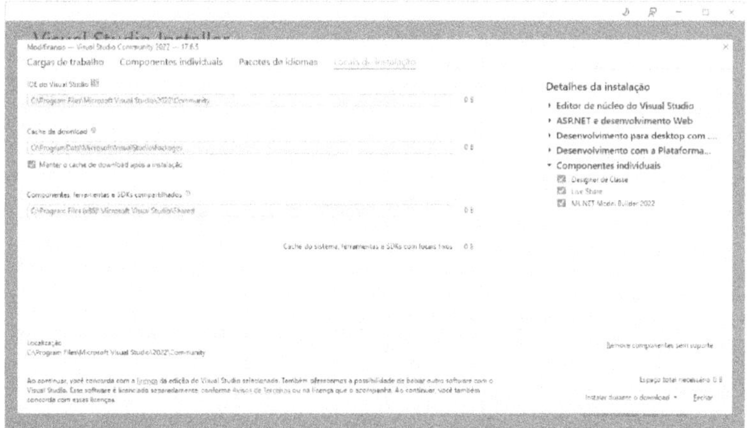

Você pode selecionar uma unidade diferente para o **IDE do Visual Studio** somente quando instalar o Visual Studio pela primeira vez. Se você já tiver instalado e quiser alterar unidades, precisará desinstalar o Visual Studio e, em seguida, reinstalá-lo.

Se você já instalou o Visual Studio no computador antes, não poderá alterar o caminho **Componentes, ferramentas** e **SDKs compartilhados** e ele aparecerá esmaecido. Esse local é compartilhado por todas as instalações do Visual Studio.

5. Depois de percorrer todas estas etapas, selecione **Instalar** para levar à cabo a instalação do Visual Studio no seu computador.

Dica

É importante saber que a qualquer momento após a instalação, você pode instalar as cargas de trabalho ou os componentes não instalados inicialmente. Com o Visual Studio aberto, acesse *Ferramentas > Obter Ferramentas e Funcionalidades...*, que abre o Instalador do Visual Studio. Você também pode abrir o Instalador do Visual Studio pelo menu Iniciar. Assim, é possível escolher as cargas de trabalho ou os componentes que você deseja instalar. Em seguida, escolha **Modificar**.

Depois de instalar o Visual Studio, na primeira vez que você abrir o programa, notará que ele vem com uma configuração padrão que pode não ser totalmente adequada ao seu estilo de trabalho. Felizmente, o Visual Studio é altamente personalizável, e neste capítulo orientarei você sobre como ajustar algumas das configurações mais importantes para melhor atender às suas necessidades de programação em C#.

Personalizando o Tema

A aparência do seu ambiente de desenvolvimento pode ter um impacto significativo no seu conforto e produtividade. O Visual Studio oferece vários temas predefinidos, desde o clássico Visual Studio **Blue** até o **Dark**, que oferece um esquema de cores mais suave para os olhos.

Para alterar o tema, clique no menu *Ferramentas*, depois em *Opções*. Uma nova janela se abrirá. No painel esquerdo, clique em *Ambiente* e depois em *Geral*. No painel direito, você encontrará um menu suspenso chamado *"Tema de Cores"*. Selecione o tema desejado e clique em **OK**. O Visual Studio irá atualizar imediatamente a aparência para o novo tema.

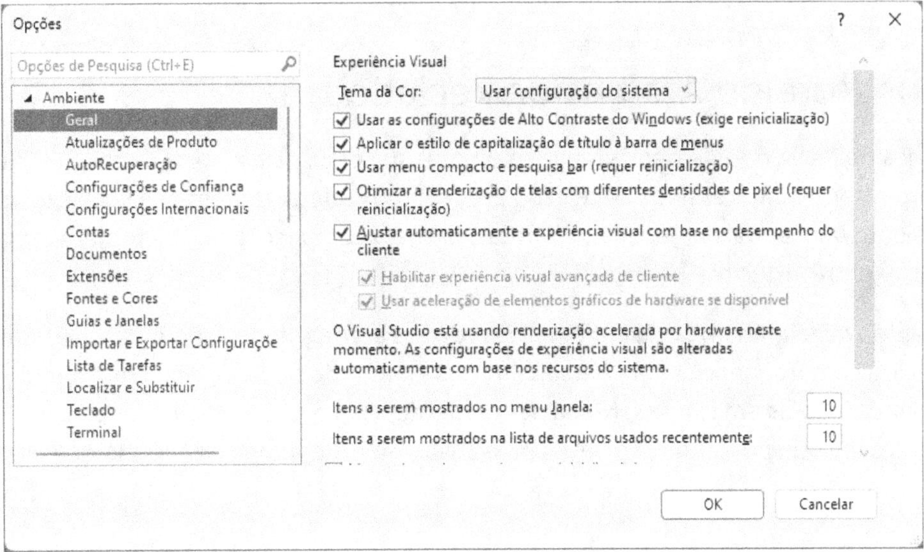

Configurando o Editor de Texto

O editor de texto é onde a mágica acontece, pois é onde você escreve seu código.

O Visual Studio permite que você personalize o editor de texto para atender às suas necessidades. Você pode alterar as cores de sintaxe, o tamanho da fonte, a largura da guia e muito mais.

Para personalizar o editor de texto, clique no menu *Ferramentas*, depois em *Opções*. No painel esquerdo, expanda *Editor de Texto* e clique em *C#*. Aqui, você verá várias opções de formatação que você pode ajustar de acordo com suas preferências.

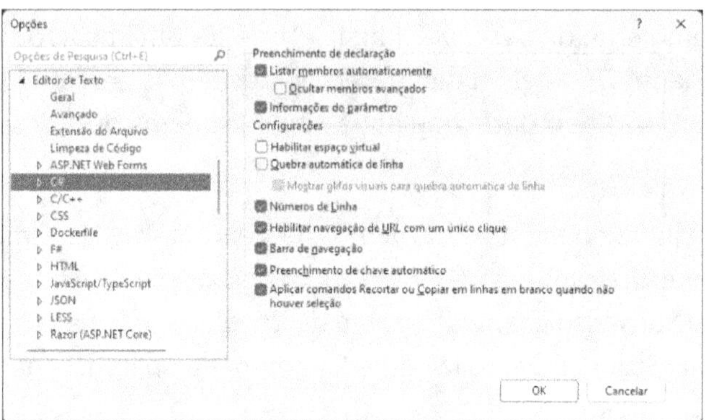

Personalizando Atalhos de Teclado

Os atalhos de teclado são essenciais para melhorar sua eficiência ao programar. O Visual Studio vem com muitos atalhos de teclado predefinidos que permitem que você execute rapidamente uma ampla variedade de tarefas, desde a compilação do seu projeto até a navegação entre arquivos.

No entanto, você também pode definir seus próprios atalhos de teclado para ações que você realiza com frequência. Para personalizar os atalhos de teclado, clique no menu *Ferramentas*, depois em *Opções*. No painel esquerdo, clique em *Ambiente*, depois em *Teclado*. Você pode buscar a ação desejada e atribuir a ela o atalho de teclado que preferir.

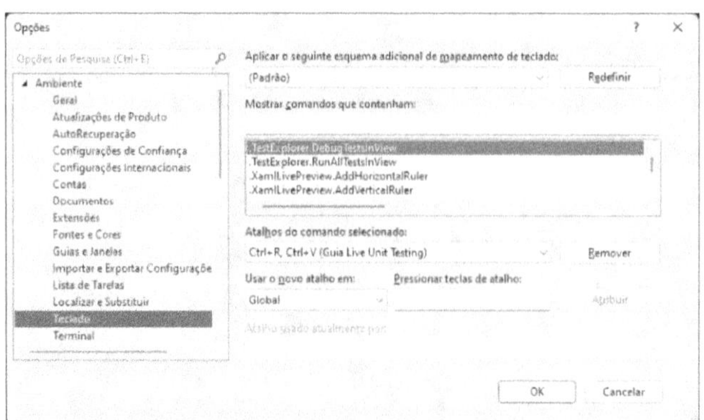

Configurando Ferramentas de Depuração

A depuração é algo importantíssimo no processo de desenvolvimento de software. As ferramentas de depuração do Visual Studio são poderosas e oferecem muitas opções para personalização. Você pode alterar o comportamento do depurador, selecionar quais exceções devem ser tratadas para não "quebrar" a execução, entre outras opções.

Para personalizar as ferramentas de depuração, clique no menu *Ferramentas*, depois em *Opções*. No painel esquerdo, clique em *Depuração* para ver as opções disponíveis.

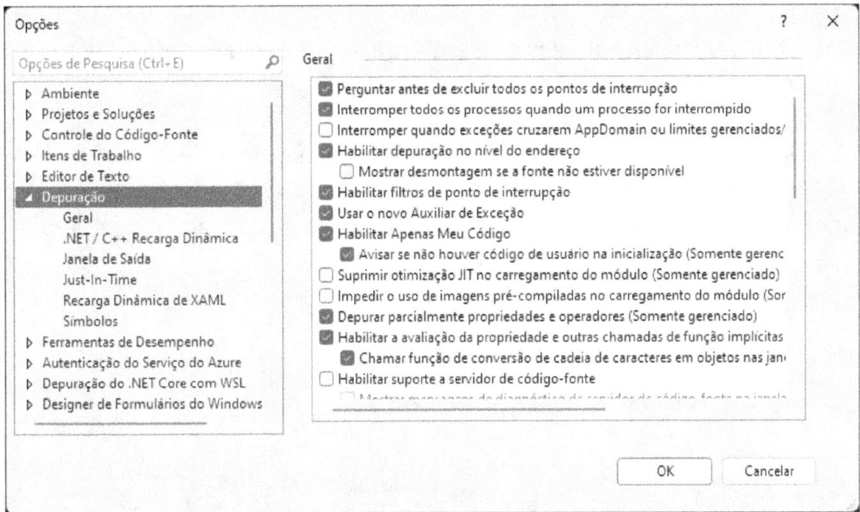

Essas são apenas algumas das muitas maneiras de personalizar o Visual Studio. Deixo a dica que você explore o programa e suas opções, a fim de adaptar o ambiente de desenvolvimento ao seu estilo de programação.

2.4 - Criando seu primeiro projeto

Depois de configurar o Visual Studio, agora estamos prontos para criar nosso primeiro projeto em C#. Para fugir do clássico "Olá, Mundo!", durante este capítulo, iremos desenvolver um simples *"Meu primeiro projeto em C#!"* para entender o processo de criação de um projeto, bem como a estrutura básica de um programa C#.

Criando um novo projeto

Para começar, abra o Visual Studio e clique em *Arquivo* no menu superior, depois em *Novo* e finalmente em *Projeto....* Isso abrirá a janela de novo projeto.

Aqui, você pode ver uma lista de diferentes tipos de projetos que você pode criar. Como estamos apenas começando, vamos criar uma aplicação de console simples em C#. Na caixa de pesquisa no topo da janela, digite "Aplicativo console". Certifique-se de que o idioma selecionado à direita da caixa de pesquisa é C#.

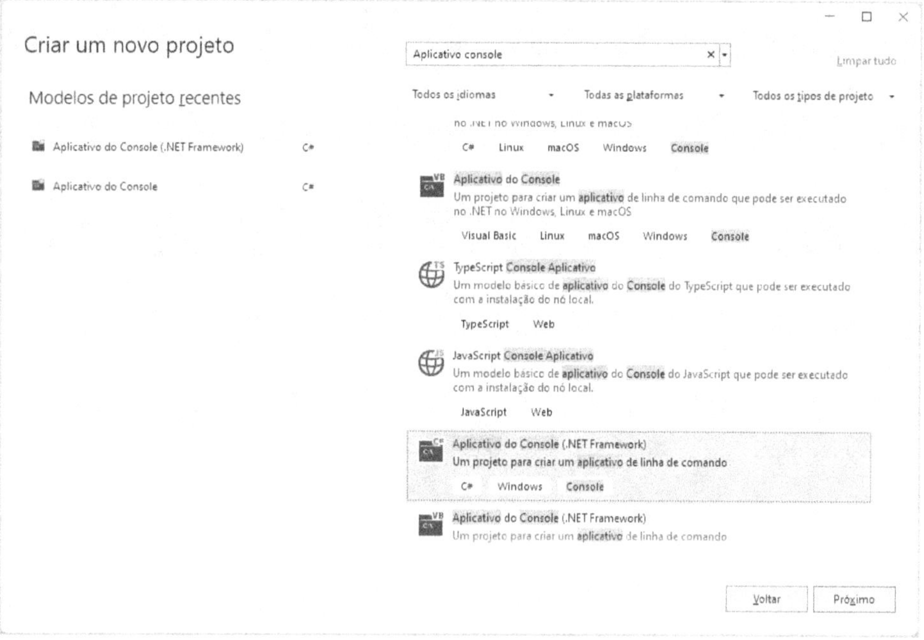

Selecione *Aplicativo do Console (.Net Framework)* na lista de modelos de projeto e clique em **Próximo**.

Agora, você precisa dar um nome ao seu projeto. Vamos chamar nosso projeto de
"*meuPrimeiroProjeto*". Você também pode escolher onde seu projeto será salvo em seu
computador, selecionando a localização no campo *Local*.

Quando estiver pronto, clique em **Criar**.

Entendendo a estrutura do projeto

Agora que temos nosso projeto criado, vamos dar uma olhada na estrutura do projeto. No
lado direito da tela, você deve ver a janela *Gerenciador de Soluções*, que mostra a estrutura
do seu projeto.

Nossa aplicação "meuPrimeiroProjeto" atualmente tem um único arquivo: *Program.cs*. Este
é o arquivo principal da nossa aplicação, onde o código do nosso programa será escrito.

Escrevendo nosso primeiro programa

Vamos agora escrever nosso primeiro programa. Caso o arquivo não esteja aberto, abra o
arquivo *Program.cs* clicando duas vezes nele no *Gerenciador de Soluções*. Você verá algum
código já escrito. Não se preocupe, iremos entender todas essas linhas em capítulos futuros.

Por hora, localize a seguinte linha de código:

```csharp
namespace meuPrimeiroProjeto
{
    internal class Program
    {
        static void Main(string[] args)
        {
        }
    }
}
```

Insira as duas linhas abaixo dentro de *static void Main(string[] args)*, de forma que o código do projeto fique assim:

```csharp
namespace meuPrimeiroProjeto
{
    internal class Program
    {
        static void Main(string[] args)
        {
            Console.WriteLine("Meu primeiro projeto em C#!");
            Console.ReadKey(); // Aguarda o usuário pressionar uma tecla antes de continuar
        }
    }
}
```

Executando nosso primeiro programa

Agora estamos prontos para executar nosso primeiro programa. Você pode fazer isso pressionando a tecla *F5* ou clicando em *Iniciar* no menu superior.

Uma nova janela do console será aberta, e você verá a frase *"Meu primeiro projeto em C#!"* impressa na tela, até que uma tecla seja pressionada no teclado.

Se tudo correu bem, PARABÉNS! Você acabou de criar e executar seu primeiro programa em C#.

CAPÍTULO 3

APLICAÇÕES COM BANCO DE DADOS

3.1 - O que é um banco de dados?

Antes de mergulharmos na programação com bancos de dados em C#, é importante entendermos o que, de fato, é um banco de dados. O conceito é simples, mas extremamente poderoso e crucial para a maioria dos sistemas informatizados modernos.

De maneira geral, um banco de dados é uma coleção organizada de dados. Esses dados são geralmente modelados de maneira a representar aspectos do mundo real. Portanto, um banco de dados pode conter informações sobre coisas como pessoas, produtos, pedidos, ou qualquer outra coisa que a aplicação precise gerenciar. E esses dados estão estruturados de tal maneira que uma aplicação de computador pode acessá-los rapidamente para responder a perguntas (consultas).

Os bancos de dados surgiram da necessidade de manter o rastro das informações em um formato que não só persistisse além das execuções individuais de um aplicativo, mas também permitisse que as informações fossem consultadas e atualizadas de maneira eficiente. Eles são a solução para o problema de armazenar, recuperar e gerenciar grandes quantidades de dados.

Em um nível mais técnico, um banco de dados geralmente é gerenciado por um sistema de gerenciamento de banco de dados (DBMS). Um DBMS serve como uma interface entre o banco de dados e os usuários finais ou aplicativos, garantindo que os dados estejam consistentemente organizados e permaneçam facilmente acessíveis.

Existem vários tipos de bancos de dados, como relacional, não relacional, orientado a objetos, hierárquico, em rede, entre outros, que se diferenciam principalmente pela forma como armazenam, organizam e permitem a manipulação dos dados. Vamos explorar mais sobre os tipos de bancos de dados nos próximos capítulos.

No âmbito de nossa jornada com a linguagem C#, utilizaremos bancos de dados para armazenar e recuperar dados de nossas aplicações, sejam elas aplicações console, web ou mobile. Em capítulos posteriores, detalharemos como podemos integrar nossas aplicações C# com diferentes tipos de bancos de dados.

Agora que temos uma compreensão básica do que é um banco de dados, podemos começar a explorar os diferentes tipos de bancos de dados e como eles são utilizados na prática. No próximo capítulo, falaremos sobre os tipos de bancos de dados: relacional e não relacional, e suas principais diferenças.

Agora que compreendemos o que é um banco de dados, é importante conhecermos os diferentes tipos de bancos de dados que podemos utilizar em nossas aplicações. Neste capítulo, focaremos nos dois tipos mais comuns de bancos de dados: Relacional e Não Relacional.

Bancos de Dados Relacionais

Os bancos de dados relacionais são o tipo mais comum de banco de dados. Eles foram criados nos anos 1970 e se tornaram a espinha dorsal dos sistemas de informação nas décadas seguintes. O termo "relacional" vem do fato de que os dados em tais bancos de dados são armazenados em tabelas e a relação entre os dados é importante.

Cada tabela em um banco de dados relacional possui uma ou mais colunas, cada uma das quais é projetada para armazenar um determinado tipo de dados. Por exemplo, uma tabela "Pessoas" pode ter colunas para "Nome", "Idade" e "Endereço". Além disso, cada linha em uma tabela representa uma entidade única naquela tabela. No exemplo da tabela "Pessoas", cada linha representaria uma pessoa única.

Os bancos de dados relacionais usam SQL (Structured Query Language) para consultar os dados. SQL é uma linguagem poderosa e flexível que pode expressar uma grande variedade de consultas. Você pode solicitar dados de diferentes tabelas, aplicar condições complexas e retornar qualquer número de resultados. Comandos SQL básicos incluem SELECT, UPDATE, INSERT e DELETE.

Exemplos populares de bancos de dados relacionais incluem Microsoft SQL Server, Oracle Database, MySQL e PostgreSQL.

Bancos de Dados Não Relacionais

Por outro lado, os bancos de dados não relacionais, também conhecidos como NoSQL, são uma categoria mais recente de bancos de dados que se tornou popular com o advento do big data. Os bancos de dados não relacionais não dependem de uma estrutura de tabela fixa como os relacionais. Eles são mais flexíveis em termos de armazenamento e manipulação de dados, especialmente quando se trata de manipular conjuntos de dados grandes, aninhados ou semiestruturados.

Existem diferentes tipos de bancos de dados não relacionais, cada um otimizado para um tipo específico de dados. Por exemplo, os bancos de dados de documentos (como MongoDB) são projetados para armazenar e consultar dados na forma de documentos, geralmente JSON. Bancos de dados de chave-valor (como Redis) são perfeitos para armazenar pares de chave-valor. Bancos de dados de colunas (como Cassandra) são otimizados para operações em colunas de dados, enquanto bancos de dados de grafo (como Neo4j) são ideais para dados interconectados, como redes sociais.

Os bancos de dados não relacionais não usam SQL, mas têm suas próprias linguagens de consulta que variam de um sistema para outro.

No restante deste livro, abordaremos como o C# pode ser usado para trabalhar tanto com bancos de dados relacionais quanto não relacionais, embora nos concentraremos principalmente em bancos de dados relacionais devido ao seu uso generalizado em aplicações comerciais e empresariais.

No próximo capítulo, vamos nos aprofundar mais sobre os bancos de dados mais utilizados no mercado atualmente.

Com a variedade de bancos de dados disponíveis atualmente, pode ser desafiador escolher o que é melhor para o seu projeto. Neste capítulo, vou apresentar alguns dos bancos de dados mais populares e amplamente utilizados no mercado, tanto do tipo relacional quanto do tipo não relacional.

Bancos Relacionais

1. **MySQL**: Este é um sistema de gerenciamento de banco de dados relacional (RDBMS) de código aberto que utiliza SQL (Structured Query Language) para inserir, modificar ou extrair dados. Ele é muito popular por sua flexibilidade e confiabilidade, sendo usado por muitas empresas de grande porte, incluindo Facebook, Google e Adobe.

2. **PostgreSQL**: Outro RDBMS de código aberto, o PostgreSQL é amplamente conhecido por sua capacidade de lidar com grandes quantidades de dados e por sua conformidade com os padrões SQL. Ele é extensível e permite a personalização, o que é uma grande vantagem para os desenvolvedores.

3. **Microsoft SQL Server**: Desenvolvido pela Microsoft, o SQL Server é um RDBMS poderoso e robusto que é comumente usado em aplicações corporativas. Ele é fácil de usar e vem com muitas ferramentas e funcionalidades para ajudar os desenvolvedores a criar aplicações de banco de dados robustas.

Bancos Não Relacionais

1. **MongoDB**: Este é um dos bancos de dados NoSQL mais populares. O MongoDB é um banco de dados orientado a documentos que armazena os dados em formato BSON (um formato semelhante ao JSON). Ele é conhecido por sua escalabilidade e flexibilidade.

2. **Redis**: Redis é um armazenamento de estrutura de dados em memória que é comumente usado como um banco de dados, cache e corretor de mensagens. Ele suporta diferentes tipos de estruturas de dados, como strings, hashes, listas, conjuntos e outros.

3. **Cassandra**: Desenvolvido pela Apache, o Cassandra é um banco de dados de coluna ampla que foi projetado para lidar com grandes quantidades de dados em muitos servidores. Ele é conhecido por sua escalabilidade e alta disponibilidade sem comprometer o desempenho.

Cada um desses bancos de dados tem suas próprias vantagens e desvantagens e é mais adequado para determinados tipos de aplicações do que outros. A escolha do banco de dados certo para o seu projeto dependerá de uma variedade de fatores, incluindo a natureza dos dados que você estará manipulando, a escala do seu projeto e os recursos disponíveis.

3.4 - A robustez do SQL Server

O Microsoft SQL Server é um sistema de gerenciamento de banco de dados relacional (RDBMS) que oferece uma gama de funções e recursos administrativos e de desenvolvimento poderosos. Ele é amplamente utilizado para armazenar, recuperar e manipular dados em muitas empresas e organizações em todo o mundo.

A primeira versão do SQL Server, desenvolvida pela Microsoft, Sybase e Ashton-Tate, foi lançada em 1989 para o sistema operacional OS/2. Desde então, o SQL Server evoluiu e se tornou um dos principais RDBMS do mercado. Ele passou a oferecer muito mais do que apenas um local para armazenamento de dados. O SQL Server agora incorpora uma variedade de serviços, como relatórios, análise de dados e integração de dados.

O SQL Server é conhecido por sua facilidade de uso, segurança robusta e alta performance. Ele oferece uma plataforma de dados empresarial completa e integrada que permite às empresas gerenciar e analisar seus dados em escala global. O SQL Server suporta uma variedade de tipos de dados, incluindo textos, números, datas, imagens e até mesmo dados geográficos.

O SQL Server permite a criação de bancos de dados relacionais, nos quais as informações são organizadas em tabelas. Cada tabela contém linhas, que representam os registros, e colunas, que representam os campos de dados. As tabelas podem ser relacionadas entre si, permitindo consultas complexas e manipulações de dados.

Outra característica poderosa do SQL Server é o Transact-SQL (T-SQL), uma extensão do SQL que adiciona uma série de recursos, como controle de fluxo de procedimentos e manipulação de erros, que não são encontrados no SQL padrão. O T-SQL permite que os desenvolvedores criem procedimentos armazenados, gatilhos e outras funções avançadas.

O SQL Server também inclui recursos avançados de segurança, como autenticação baseada em função e criptografia de dados. Ele oferece várias ferramentas de gerenciamento, como o SQL Server Management Studio (SSMS), que oferece uma interface gráfica para gerenciar, configurar e administrar todos os componentes do SQL Server.

Finalmente, vale mencionar que o SQL Server não se limita apenas ao Windows. A partir da versão 2017, o SQL Server também está disponível para Linux e Docker, permitindo que os desenvolvedores utilizem esta poderosa ferramenta de banco de dados em diversas plataformas.

O SQL Server custa caro?

É importante observar que o custo do SQL Server pode variar significativamente dependendo da edição e do modelo de licenciamento escolhido, bem como da necessidade ou não de suporte técnico adicional.

O SQL Server está disponível em várias edições, cada uma com suas próprias características, funcionalidades e preços. As edições incluem:

Express

Esta é a versão gratuita do SQL Server. Ela possui limitações, como o tamanho máximo de banco de dados de 10 GB, e é destinada principalmente a aplicativos de pequena escala e desenvolvimento de software.

Developer

Também uma edição gratuita, a Developer possui todos os recursos da edição Enterprise, mas é licenciada para uso apenas como um ambiente de desenvolvimento e teste, não produção.

Standard

Esta edição inclui um conjunto de recursos mais robusto e é adequada para aplicativos de médio porte, com menos necessidades de recursos do que a edição Enterprise. A edição Standard é mais cara que a Express, mas ainda assim é considerada uma opção de médio custo.

Enterprise

Esta é a edição mais cara e a mais robusta em termos de recursos. Ela é projetada para aplicações de grande escala que necessitam de alta performance, escalabilidade, e robustez.

Em termos de licenciamento, o SQL Server oferece dois modelos principais: o *licenciamento baseado em servidor e CAL (Client Access License)* e o *licenciamento baseado em núcleo*. No modelo de servidor e CAL, você paga pelo servidor e depois adquire CALs para usuários ou dispositivos que acessarão o servidor. No modelo baseado em núcleo, você paga pelo número de núcleos no servidor. Geralmente, o licenciamento baseado em núcleo é mais simples e mais previsível, mas pode ser mais caro, dependendo do número de núcleos e usuários.

Além disso, o suporte técnico da Microsoft é um custo adicional, mas pode ser muito valioso para empresas que precisam de suporte rápido e profissional para seus sistemas de banco de dados.

Em suma, o custo do SQL Server pode variar bastante, mas há opções para atender a uma variedade de necessidades e orçamentos. Ao avaliar o custo, é importante considerar não apenas o custo inicial, mas também os custos contínuos de licenciamento, suporte e manutenção.

Onde obter o SQL Server?

O SQL Server pode ser adquirido diretamente através do site da Microsoft ou de um revendedor licenciado. Aqui estão as etapas gerais para obtê-lo:

1 - Site da Microsoft

Visite o site oficial da Microsoft para adquirir o SQL Server. Você pode encontrar a página de produtos do SQL Server em: [https://www.microsoft.com/en-us/sql-server/sql-server-downloads].

No site, você encontrará as várias edições disponíveis. As edições **Express** e **Developer** podem ser baixadas gratuitamente, enquanto as edições **Standard** e **Enterprise** requerem uma compra.

2 - Revendedor Licenciado

Os revendedores licenciados podem oferecer pacotes personalizados que podem incluir serviços adicionais, como suporte técnico ou consultoria de instalação. Se você tem uma relação existente com um revendedor de software, pode valer a pena perguntar sobre suas opções para o SQL Server.

3 - Azure

Se você está considerando uma solução de banco de dados em nuvem, o SQL Server está disponível como um serviço gerenciado no Microsoft Azure. Com o Azure SQL Database, você não precisa se preocupar com a manutenção do servidor, pois a Microsoft cuida da infraestrutura por você. Além disso, o Azure SQL Database oferece um modelo de pagamento conforme o uso, o que pode ser mais econômico para algumas organizações.

Lembre-se, escolher a edição correta e o modelo de licenciamento é fundamental para garantir que você esteja adquirindo uma solução que atenda às suas necessidades sem incorrer em custos desnecessários. Se você não tem certeza sobre qual edição ou modelo de licenciamento é certo para você, pode ser útil falar com um consultor ou representante de vendas da Microsoft.

Vantagens do SQL Server

Desempenho

O SQL Server é conhecido por seu alto desempenho. Ele possui uma capacidade robusta de processamento de transações e oferece opções de ajuste de desempenho que podem ser personalizadas de acordo com as necessidades do seu negócio.

Integração

Sendo um produto da Microsoft, o SQL Server se integra bem com outros produtos da Microsoft, como o Visual Studio e o Office, facilitando o trabalho de desenvolvimento e análise de dados.

Segurança

O SQL Server é conhecido por ser uma das plataformas de banco de dados mais seguras. Ele possui várias camadas de segurança, como autenticação de acesso, criptografia de dados e auditoria de segurança.

Escalabilidade

O SQL Server é altamente escalável. Ele pode lidar com pequenas aplicações com poucos usuários, até grandes aplicações corporativas com milhares de usuários.

Recursos avançados

O SQL Server possui recursos avançados, como análise em tempo real, armazenamento em colunas para consultas de análise de dados, e suporte para JSON e R, para análise estatística e machine learning.

Desvantagens do SQL Server

Custo

A principal desvantagem do SQL Server é o custo. As versões mais avançadas, como a Enterprise, podem ser bastante caras. No entanto, a Microsoft oferece a edição Express gratuita para pequenas aplicações e a edição Developer para desenvolvimento e teste.

Complexidade

Embora seja poderoso, o SQL Server pode ser complexo para configurar e gerenciar, especialmente para equipes de TI menores ou para aqueles que não têm muita experiência com bancos de dados.

Suporte para outras plataformas

Apesar de a Microsoft ter lançado versões do SQL Server para Linux e containers Docker, a maior parte do seu suporte e integração ainda é focada principalmente em ambientes Windows.

Recursos bloqueados por edição

Alguns recursos avançados, como Always On Availability Groups, só estão disponíveis nas edições mais caras do SQL Server. Isso pode limitar o acesso a recursos de alta disponibilidade e recuperação de desastres para organizações com orçamentos menores.

No geral, as vantagens do SQL Server geralmente superam suas desvantagens, especialmente para organizações que já estão fortemente investidas no ecossistema da Microsoft. No entanto, cada situação é única e deve ser cuidadosamente avaliada.

Em resumo, o Microsoft SQL Server é um RDBMS versátil e poderoso que oferece uma variedade de recursos que o tornam uma escolha popular para empresas e organizações que precisam de uma plataforma de dados robusta e confiável. No próximo capítulo, exploraremos mais detalhes sobre como trabalhar com SQL Server em aplicações C#.

3.5 - A versatilidade do MySQL

O MySQL é um dos sistemas de gerenciamento de banco de dados mais populares do mundo, conhecido por sua robustez, desempenho e segurança. Este capítulo explora a versatilidade do MySQL e como você pode utilizá-lo em suas aplicações C#.

Introdução ao MySQL

O MySQL é um sistema de gerenciamento de banco de dados relacional (RDBMS) baseado na linguagem SQL (Structured Query Language). Foi originalmente desenvolvido na década de 1990 por uma empresa sueca chamada MySQL AB, mas agora é mantido pela Oracle Corporation. Ele é usado por muitas grandes organizações, incluindo Facebook, Google e Adobe, devido à sua capacidade de gerenciar e manipular grandes conjuntos de dados de maneira eficiente.

Características do MySQL

O MySQL possui várias características que o tornam uma escolha popular para desenvolvedores de todo o mundo. Aqui estão algumas delas:

Open Soure

O MySQL é um software livre e de código aberto, o que significa que é gratuito para baixar e usar. Além disso, a comunidade de desenvolvedores pode contribuir para o seu desenvolvimento e melhoria.

Portabilidade

O MySQL é altamente portátil. Ele pode ser executado em várias plataformas, incluindo Windows, Linux, MacOS, BSD e outros.

Desempenho

O MySQL é conhecido por sua alta performance. Ele utiliza uma variedade de técnicas de otimização, incluindo a indexação avançada e a execução de consultas em paralelo, para garantir a rápida recuperação de dados.

Segurança

O MySQL possui várias características de segurança incorporadas, como a criptografia SSL para transações seguras e o suporte a autenticação baseada em função.

Suporte para armazenamento de diferentes tipos de dados

O MySQL suporta uma grande variedade de tipos de dados, incluindo números, strings, datas e blobs binários. Isso oferece grande flexibilidade na modelagem de seus dados.

Onde obter o MySQL?

Você pode obter o MySQL a partir do site oficial do MySQL, que é mantido pela Oracle Corporation. Siga estes passos para fazer o download do MySQL:

1. Acesse o site oficial do MySQL: https://www.mysql.com/
2. No menu superior, clique em "Downloads".
3. Você será redirecionado para a página de downloads do MySQL. Nessa página, você encontrará várias opções para fazer o download do MySQL em diferentes plataformas e edições.
4. Selecione a versão do MySQL que você deseja baixar. Geralmente, a edição mais comum é o "MySQL Community Server", que é uma versão gratuita e de código aberto.
5. Escolha o sistema operacional em que deseja instalar o MySQL, como Windows, macOS ou Linux.
6. Clique no botão de download correspondente à sua escolha e siga as instruções para baixar o instalador do MySQL.

Lembre-se de que o MySQL possui diferentes versões, como a versão para desenvolvimento, que pode ser adequada para testes e ambiente de desenvolvimento, e a versão para produção, que é mais estável e segura para uso em ambientes de produção. Certifique-se de escolher a versão apropriada para suas necessidades.

Além disso, muitas distribuições Linux incluem o MySQL nos repositórios padrão, o que facilita a instalação através do gerenciador de pacotes. Se você estiver usando um sistema Linux, consulte a documentação da sua distribuição para obter informações específicas sobre como instalar o MySQL.

Vantagens do MySQL

O MySQL é um dos sistemas de gerenciamento de banco de dados (SGBD) mais populares e amplamente usados no mundo. Ele oferece várias vantagens que contribuem para sua popularidade e adoção em diversos tipos de projetos e aplicações. Algumas das principais vantagens do MySQL são:

Gratuito e de código aberto

O MySQL é distribuído sob a licença GPL (General Public License) e também possui uma versão comercial. A versão de código aberto é gratuita, o que torna o MySQL uma opção econômica para projetos e empresas que desejam economizar em custos de licenciamento.

Desempenho

O MySQL é conhecido por ser rápido e eficiente, especialmente para operações de leitura e gravação de dados. Ele foi otimizado para melhor desempenho, o que é importante em aplicações que precisam lidar com grandes volumes de dados e tráfego intenso.

Escalabilidade

O MySQL pode ser dimensionado para lidar com projetos pequenos e grandes. Com configurações adequadas e a utilização de técnicas de replicação e particionamento, é possível escalar o MySQL para atender a demandas crescentes de tráfego e armazenamento de dados.

Facilidade de uso

O MySQL é conhecido por sua facilidade de instalação e configuração. Ele possui uma interface simples e amigável, tornando-o acessível para desenvolvedores de diferentes níveis de experiência.

Comunidade ativa

Devido à sua ampla adoção, o MySQL possui uma comunidade ativa de desenvolvedores, que contribuem para melhorias contínuas e fornecem suporte em fóruns e grupos de discussão.

Compatibilidade com várias plataformas

O MySQL é compatível com várias plataformas, incluindo Windows, macOS, Linux e outras, o que o torna uma opção versátil para diferentes ambientes de desenvolvimento.

Suporte a múltiplas linguagens de programação

O MySQL oferece suporte a várias linguagens de programação, permitindo que desenvolvedores utilizem suas linguagens preferidas para interagir com o banco de dados.

Ferramentas de administração

O MySQL é acompanhado por várias ferramentas de administração, como o MySQL Workbench, que facilitam a gestão e manutenção dos bancos de dados.

Segurança

O MySQL possui recursos de segurança robustos, incluindo autenticação, criptografia e controle de acesso, ajudando a proteger os dados armazenados no banco de dados.

Devido a essas vantagens, o MySQL é uma escolha popular para uma variedade de aplicações, desde pequenos sites e aplicativos até grandes sistemas corporativos e aplicações de missão crítica. No entanto, é importante observar que cada projeto é único, e a escolha do banco de dados adequado depende dos requisitos específicos e da natureza da aplicação a ser desenvolvida.

Desvantagens do MySQL

Embora o MySQL seja amplamente utilizado e tenha muitas vantagens, também possui algumas desvantagens que podem ser consideradas dependendo das necessidades e requisitos específicos do projeto. Algumas das principais desvantagens do MySQL são:

Falta de recursos avançados

O MySQL pode ser visto como menos avançado em comparação com alguns outros Sistemas de Gerenciamento de Banco de Dados (SGBDs) como o Oracle ou o Microsoft SQL Server. Algumas funcionalidades mais sofisticadas podem estar ausentes ou serem menos desenvolvidas no MySQL.

Limitações de armazenamento e escalabilidade vertical

O MySQL pode ter algumas limitações em relação ao armazenamento e escalabilidade vertical. Embora possa ser dimensionado horizontalmente com técnicas como replicação e particionamento, a escalabilidade vertical (aumento do poder de processamento de uma única máquina) pode ser mais limitada.

Suporte e documentação

Embora o MySQL tenha uma comunidade ativa, o suporte oficial pode ser pago e, em alguns casos, pode ser necessário para solucionar problemas complexos. A documentação também pode não ser tão extensa ou detalhada em comparação com outros SGBDs.

Locks de tabela

O MySQL usa locks de tabela para algumas operações, o que pode resultar em problemas de concorrência em ambientes com muitas transações simultâneas. Isso pode levar a bloqueios e desempenho reduzido em determinadas situações.

Gerenciamento de transações

Embora o MySQL suporte transações, em algumas situações, pode ser mais difícil de gerenciá-las em comparação com outros SGBDs mais avançados.

Recursos avançados de análise de dados

Se você precisa de recursos avançados de análise de dados e consultas complexas, o MySQL pode ser menos adequado do que alguns SGBDs específicos para data warehousing e análise de big data.

Integridade referencial e restrições

O MySQL tem suporte para integridade referencial e restrições, mas em algumas edições (como a Community Edition), eles podem ser mais limitados ou menos aplicáveis.

É importante destacar que muitas das desvantagens mencionadas podem ser mitigadas ou superadas dependendo da versão do MySQL que você está usando, da configuração do servidor, da arquitetura do banco de dados e das técnicas de desenvolvimento implementadas. Além disso, sempre existem alternativas, e a escolha do SGBD deve ser baseada nas necessidades específicas do projeto e nas habilidades da equipe de desenvolvimento.

No próximo capítulo, vamos discutir a linguagem SQL, que é a linguagem de consulta padrão para bancos de dados relacionais.

SQL, que significa "**Structured Query Language**", é uma linguagem de programação usada para gerenciar e manipular bancos de dados. Originalmente desenvolvida na década de 1970 pela IBM, ela foi padronizada pela American National Standards Institute (ANSI) em 1986.

O SQL é amplamente usado em todo o mundo devido à sua facilidade de uso, eficiência e potência. Ele permite que você crie, modifique, delete e retire dados de bancos de dados, além de gerenciar como esses dados estão organizados e protegidos.

Comandos SQL Básicos

Aqui estão alguns dos comandos mais básicos e essenciais que você usará ao trabalhar com SQL:

1. **SELECT**: Este comando é usado para selecionar dados de um banco de dados. Os dados retornados são armazenados em uma tabela de resultados chamada "conjunto de resultados".
2. **INSERT INTO**: Este comando é usado para inserir novas linhas em uma tabela.
3. **UPDATE**: Este comando é usado para modificar os valores existentes em uma tabela.
4. **DELETE**: Este comando é usado para excluir linhas existentes em uma tabela.
5. **CREATE DATABASE**: Este comando é usado para criar um novo banco de dados.
6. **ALTER DATABASE**: Este comando é usado para modificar um banco de dados existente.
7. **CREATE TABLE**: Este comando é usado para criar uma nova tabela em um banco de dados.
8. **ALTER TABLE**: Este comando é usado para modificar uma tabela existente.
9. **DROP TABLE**: Este comando é usado para excluir uma tabela existente.
10. **CREATE INDEX**: Este comando é usado para criar um índice (pesquisa) em uma tabela.

Cada um desses comandos deve ser seguido por um conjunto específico de sintaxes e condições para especificar exatamente o que você quer que o comando faça.

Exemplo Básico de Uso do SQL

Vamos dar uma olhada em um exemplo básico de como você pode usar o SQL. Suponha que você tenha uma tabela chamada *Funcionarios* com as colunas *"Nome"*, *"Cargo"* e *"Salario"*. Você pode usar o comando SELECT abaixo para obter uma lista de todos os funcionários que têm um salário superior a R$ 5.000,00, por exemplo:

SQL

```sql
SELECT Nome, Cargo
FROM Funcionarios
WHERE Salario > 5000;
```

Esta instrução SQL retornará um conjunto de dados contendo os nomes e cargos de todos os funcionários que atendem ao critério que você especificou.

Como eu disse, esta introdução apenas toca a superfície do imenso oceano do que é possível fazer com o SQL. À medida que você se aprofunda na linguagem, descobre que ela possui muitos recursos poderosos que lhe permitem manipular dados de maneiras complexas. Mas por enquanto, este conhecimento básico já é suficiente para começarmos a integrar o SQL em nossas aplicações em C#, o que será abordado no próximo capítulo.

3.7 - Integrando C# com Bancos de Dados

O C# oferece diversas maneiras de interagir com bancos de dados. Uma das maneiras mais comuns é através da biblioteca ADO.NET, que fornece um conjunto de classes para trabalhar com dados. Essas classes permitem que você execute comandos SQL, busque dados e faça tudo o que você precisa para interagir com um banco de dados.

Para este capítulo, vamos considerar que estamos utilizando um banco de dados SQL Server, que é amplamente utilizado e bem integrado com o C# e a plataforma .NET. No entanto, os princípios que vamos discutir são aplicáveis a outros bancos de dados, como MySQL, Oracle, entre outros, com algumas alterações de sintaxe e estrutura.

Usando uma string de conexão

Para se conectar a um banco de dados, primeiro você precisa de uma **string de conexão**. Esta é uma string que contém informações sobre como se conectar ao banco de dados, incluindo a localização do banco de dados, o nome do banco de dados, e as credenciais de login. Aqui está um exemplo de uma string de conexão para um banco de dados SQL Server:

```csharp
string conexao = @"Data Source=(local);Initial
Catalog=NomeDoBancoDeDados;Integrated Security=True";
```

Exibição dos dados cadastrados

Uma vez conectado ao banco de dados, você pode executar consultas SQL para buscar dados. Aqui está um exemplo de como você pode fazer isso usando a classe *SqlConnection* e *SqlCommand*:

```csharp
using (SqlConnection con = new SqlConnection(conexao))
{
    con.Open();
    using (SqlCommand command = new SqlCommand("SELECT * FROM NomeDaTabela",
con))
    {
        using (SqlDataReader reader = command.ExecuteReader())
        {
            while (reader.Read())
            {
                Console.WriteLine($"{reader.GetString(0)}
{reader.GetString(1)}");
            }
        }
    }
}
```

Neste exemplo, estamos abrindo uma conexão com o banco de dados, executando uma consulta SQL para buscar todos os dados de uma tabela, e então lendo e imprimindo os resultados.

Manutenção dos Dados

Você também pode usar C# para inserir, atualizar e deletar dados em um banco de dados. Aqui está um exemplo de como você pode inserir uma nova linha em uma tabela:

```csharp
using (SqlConnection con = new SqlConnection(conexao))
{
    con.Open();
    using (SqlCommand command = new SqlCommand("INSERT INTO NomeDaTabela
(Coluna1, Coluna2) VALUES (@valor1, @valor2)", con))
    {
        command.Parameters.AddWithValue("@valor1", "Novo Valor 1");
        command.Parameters.AddWithValue("@valor2", "Novo Valor 2");

        command.ExecuteNonQuery();
    }
}
```

Neste exemplo, estamos inserindo uma nova linha na tabela *NomeDaTabela*. Estamos usando parâmetros SQL para evitar injeções de SQL, que é uma técnica de hacking comum.

Trabalhar com bancos de dados é algo rotineiro para um desenvolvedor de software. As técnicas que discutimos neste capítulo lhe darão uma base sólida para explorar mais sobre o tema. A prática é a melhor maneira de se familiarizar com essas técnicas, então certifique-se de experimentar por conta própria!

4

FUNDAMENTOS DO C#

Antes de mergulharmos de cabeça no desenvolvimento com C#, é importante que eu te apresente a sintaxe básica da linguagem. Afinal, para programar em qualquer idioma, precisamos primeiro entender sua estrutura fundamental.

Estrutura de um programa C#

Um programa em C# é feito de um ou mais arquivos, cada um contendo uma ou mais classes. Uma classe é uma estrutura de dados que contém dados e funções, que são chamadas de "membros" da classe.

No nível mais básico, um programa C# deve ter pelo menos uma classe com um método chamado Main. O método Main é o ponto de entrada do programa, ou seja, é onde o programa começa a ser executado. Veja um exemplo:

```csharp
using System;

class Program
{
    static void Main()
    {
        Console.WriteLine("Olá, mundo!");
    }
}
```

No código acima, temos a declaração da classe *Program*, que contém um método *Main()*. Este método exibe o texto "*Olá, mundo!*" na tela do console.

Comentários

Comentários são anotações que você pode incluir no seu código que o compilador vai ignorar. Em C#, você pode criar comentários de duas formas:

- Comentários de uma linha são criados com duas barras (//).
- Comentários de várias linhas começam com /* e terminam com */.

Exemplo:

```csharp
// Este é um comentário de uma linha

/*
Este é um comentário
de várias linhas
*/
```

Identificadores

Um identificador é o nome que você dá a uma entidade, como uma variável, uma constante, uma classe, etc. Em C#, um identificador começa com uma letra ou um sublinhado (_) e pode conter letras, números e sublinhados.

Palavras-chave

As palavras-chave são termos reservados que têm um significado especial para o compilador. Exemplos de palavras-chave em C# incluem *if*, *else*, *for*, *class* e muitas outras. Você não pode usar palavras-chave como identificadores.

Espaços em branco, linhas e tabs

O compilador do C# ignora a maioria dos espaços em branco, linhas e tabs. Isso significa que você pode formatar e indentar seu código da maneira que achar mais legível. No entanto, há uma exceção importante: **o espaço em branco não é ignorado dentro de *strings* e caracteres**.

```csharp
string nome = "João"; // Os espaços antes e depois do = são ignorados
```

Pontuação

A pontuação desempenha um papel vital na sintaxe do C#. Por exemplo, cada instrução deve terminar com um ponto-e-vírgula (;). Além disso, os blocos de código (como o corpo de uma função ou um loop) devem estar entre chaves ({ e }).

```csharp
Console.WriteLine("Olá, mundo!"); // A instrução termina com um ;
```

Maiúsculas e minúsculas

C# é case-sensitive, o que significa que faz distinção entre letras maiúsculas e minúsculas. Por exemplo, *nome* e *Nome* são considerados identificadores diferentes.

Literais

Um literal é um valor que é escrito diretamente no código. Por exemplo, *"Olá, mundo!"* é um literal de string, *42* é um literal de inteiro, e *3.14* é um literal de ponto flutuante.

Diretivas using

As diretivas *using* permitem que você use tipos em *namespaces* sem ter que qualificar o uso
do tipo com o nome do *namespace*. Eles não são estritamente necessários, mas podem
tornar seu código mais legível e fácil de escrever.


```csharp
using System; // Agora podemos usar tipos no namespace System
```

Estes são apenas alguns elementos básicos da sintaxe de C#. Nos próximos capítulos, vamos
explorar cada um deles mais a fundo. Portanto, não se preocupe se algo ainda não estiver
totalmente claro. A ideia aqui é te dar uma visão geral para que você possa começar a se
familiarizar com a linguagem.

4.2 - Variáveis e Tipos de Dados

As variáveis são uma das peças fundamentais de qualquer linguagem de programação, e o C# não é exceção. Uma variável é, basicamente, um local de armazenamento nomeado na memória do computador que pode conter diferentes tipos de dados.

Declaração de Variáveis

Antes de usar uma variável em C#, precisamos declará-la. A declaração de variáveis em C# segue o formato *"tipo nome;"*, onde "tipo" é o tipo de dado da variável e "nome" é o identificador que escolhemos para ela.

Por exemplo, aqui está como podemos declarar uma variável <u>inteira</u> chamada "*idade*":

```csharp
int idade;
```

Após a declaração, podemos atribuir um valor à variável usando o operador de atribuição (=):

```csharp
idade = 25;
```

Também é possível declarar uma variável e atribuir um valor a ela na mesma linha:

```csharp
int idade = 25;
```

Tipos de Dados

C# é uma linguagem de programação fortemente tipada, o que significa que cada objeto e variável requer uma declaração de tipo de dados específica. Os tipos de dados são essenciais porque determinam que tipo de informação uma variável pode conter e o que pode ser feito com ela. O C# apresenta vários tipos de dados integrados, incluindo tipos de valor, como números e caracteres booleanos, e tipos de referência, como classes, interfaces e delegates. Neste capítulo, vamos explorar os principais tipos de dados e suas características, com um foco particular no tipo decimal.

Os tipos de dados numéricos podem ser divididos em dois grupos: **inteiros** e **flutuantes**. Os inteiros são números sem uma parte decimal, e no C# eles podem ser representados por tipos como *byte, sbyte, short, ushort, int, uint, long* e *ulong*. A diferença entre eles reside no tamanho de memória que utilizam e no alcance dos valores que podem armazenar.

Os tipos de ponto flutuante, por outro lado, representam números com partes fracionárias. O C# oferece dois tipos de ponto flutuante, *float* e *double*. Eles são úteis para representar valores que não são inteiros exatos, como "0.75" ou "3.14159".

O tipo **decimal** é um tipo de ponto flutuante especializado que oferece uma maior precisão e um menor alcance do que o *float* e o *double*. Ele é particularmente útil para aplicações financeiras e monetárias que requerem alta precisão para evitar erros de arredondamento.

Em comparação com outros tipos de ponto flutuante, o *decimal* tem uma precisão significativamente maior. Enquanto *float* e *double* têm uma precisão de 7 e 15-16 dígitos respectivamente, o *decimal* tem uma notável precisão de 28-29 dígitos. Isto faz dele a escolha preferida para cálculos financeiros onde a precisão é de extrema importância.

Vamos explorar os tipos numéricos inteiros e flutuantes em maior detalhe:

Tipos Inteiros

Os tipos inteiros são utilizados para representar números sem uma parte decimal. Em C#, eles podem ser representados pelos seguintes tipos:

byte
Este é um tipo integral sem sinal que armazena valores de 0 a 255.
Ele usa 1 byte de memória.
Exemplo: byte b = 100;

sbyte
Este é um tipo integral com sinal que armazena valores de -128 a 127.
Ele também usa 1 byte de memória.
Exemplo: sbyte sb = -100;

short
Este tipo integral com sinal armazena valores de -32,768 a 32,767.
Ele usa 2 bytes de memória.
Exemplo: short s = 30000;

ushort
Este tipo integral sem sinal armazena valores de 0 a 65,535.
Ele usa 2 bytes de memória.
Exemplo: ushort us = 65000;

int
Este tipo integral com sinal armazena valores de -2,147,483,648 a 2,147,483,647.
Ele usa 4 bytes de memória.
Exemplo: int i = 2000000000;

uint

Este tipo integral sem sinal armazena valores de 0 a 4,294,967,295.
Ele usa 4 bytes de memória.
Exemplo: uint ui = 4000000000;

long

Este tipo integral com sinal armazena valores de -9,223,372,036,854,775,808 a
9,223,372,036,854,775,807.
Ele usa 8 bytes de memória.
Exemplo: long l = 5000000000000000000;

ulong

Este tipo integral sem sinal armazena valores de 0 a 18,446,744,073,709,551,615.
Ele usa 8 bytes de memória.
Exemplo: ulong ul = 15000000000000000000;

Tipos Flutuantes

Os tipos de ponto flutuante representam números com partes fracionárias. Eles podem ser
representados pelos seguintes tipos em C#:

float

Este tipo de ponto flutuante pode representar valores aproximadamente entre 1.5×10^{-45}
e 3.4×10^{38} com uma precisão de até 7 dígitos.
Ele usa 4 bytes de memória.
Exemplo: float f = 3.14159F;

double

Este tipo de ponto flutuante pode representar valores aproximadamente entre 5.0×10^{-324} e 1.7×10^{308} com uma precisão de até 15-16 dígitos.
Ele usa 8 bytes de memória.
Exemplo: double d = 9.11111111111111;

decimal

Este tipo de ponto flutuante é utilizado para cálculos financeiros e monetários que
requerem alta precisão.
Ele pode representar valores aproximadamente entre 1.0×10^{-28} e 7.9×10^{28} com uma
precisão de até 28-29 dígitos. Ele usa 16 bytes de memória.
Exemplo: decimal dec = 19.95m;

Por fim, vale lembrar que o tipo escolhido para representar um número deve levar em
consideração tanto o tamanho do número que se espera armazenar quanto o nível de
precisão necessário para os cálculos.

Além dos tipos numéricos, o C# também oferece outros tipos de dados como *bool* para valores booleanos, char para caracteres únicos e *string* para uma sequência de caracteres. Vamos examina-los:

bool

O tipo *bool* é um tipo de dados lógicos e pode assumir apenas dois valores: **true** ou **false**. Ele é utilizado para representar verdades lógicas em uma aplicação. O tipo *bool* usa 1 byte de memória.

Exemplo de declaração e uso:

```csharp
bool isActive = true;

if (isActive)
{
    Console.WriteLine("O aplicativo está ativo.");
}
else
{
    Console.WriteLine("O aplicativo não está ativo.");
}
```

string

O tipo *string* é uma sequência de caracteres Unicode. Em C#, é uma classe que oferece muitos métodos úteis para manipulação de texto. A quantidade de memória que uma string usa é variável e depende do número de caracteres na string. Cada caractere individual em uma string usa 2 bytes de memória (já que são codificados em Unicode), então uma string com n caracteres usará 2n bytes de memória, além de algum overhead extra para manter a informação sobre o tamanho da string.

Exemplo de declaração e uso:

```csharp
string message = "Olá pessoal!";
Console.WriteLine(message);
```

Aqui, a variável *message* é uma **string** que contém a mensagem "Olá pessoal!". A função *Console.WriteLine()* é então usada para imprimir essa mensagem no console.

Lembrando que em C#, as *strings* são imutáveis. Isso significa que, uma vez criada, o conteúdo de uma *string* não pode ser alterado através de métodos. Qualquer operação que pareça modificar uma *string*, na verdade, cria uma nova *string*. Isso tem implicações na eficiência de memória e velocidade quando se manipula *strings* em C#.

Entender os tipos de dados em C# é o primeiro passo para dominar a linguagem. No próximo capítulo, discutiremos como criar e usar classes para manipular esses tipos de dados, aprofundando ainda mais nosso conhecimento de programação em C#.

Como programador C#, é essencial entender como usar corretamente variáveis e tipos de dados. Nos próximos capítulos, abordaremos em detalhes como utilizar e manipular esses tipos de dados no desenvolvimento de software em C#.

Os operadores em C# são usados para realizar operações específicas em variáveis e valores. Na linguagem C#, os operadores são classificados em vários grupos diferentes: *operadores aritméticos, operadores de atribuição, operadores de comparação, operadores lógicos, operadores bitwise* e *operadores de tipo*.

Operadores Aritméticos

Os operadores aritméticos são usados com tipos numéricos para realizar operações matemáticas básicas:

- "+" (adição)
- "-" (subtração)
- "*" (multiplicação)
- "/" (divisão)
- "%" (módulo ou resto da divisão)
- "++" (incremento)
- "--" (decremento)

Operadores de Atribuição

Os operadores de atribuição são usados para atribuir valores a variáveis:

- "=" (atribuição)
- "+=" (adição e atribuição)
- "-=" (subtração e atribuição)
- "*=" (multiplicação e atribuição)
- "/=" (divisão e atribuição)
- "%=" (módulo e atribuição)

Operadores de Comparação

Os operadores de comparação são usados para comparar dois valores:

- "==" (igual a)
- "!=" (diferente de)
- ">" (maior que)
- "<" (menor que)
- ">=" (maior que ou igual a)
- "<=" (menor que ou igual a)

Operadores Lógicos

Os operadores lógicos são usados para determinar a lógica entre variáveis ou valores:

- "**&&**" (and lógico)
- "**||**" (or lógico)
- "**!**" (not lógico)

Operadores Bitwise

Os operadores bitwise são usados para manipular números em nível de bits:

- "**&**" (and bitwise)
- "**|**" (or bitwise)
- "**^**" (xor bitwise)
- "**~**" (not bitwise)
- "**<<**" (shift para a esquerda)
- "**>>**" (shift para a direita)

O uso do operador bitwise não faz parte da rotina de muitos programadores em início de carreira e, acreditem, também passa quase desconhecido para programadores experientes. Desta forma, resolvi deixar um exemplo simples de como você pode usar operadores bitwise em C#:

```csharp
using System;

class Program
{
    static void Main()
    {
        // Inicializando duas variáveis inteiras
        int a = 9;   // Em binário: 1001
        int b = 14;  // Em binário: 1110

        int resultado;

        // AND bitwise
        resultado = a & b; // Em binário: 1000, ou seja, 8 em decimal
        Console.WriteLine("Resultado do AND bitwise: " + resultado);

        // OR bitwise
        resultado = a | b; // Em binário: 1111, ou seja, 15 em decimal
        Console.WriteLine("Resultado do OR bitwise: " + resultado);

        // XOR bitwise
        resultado = a ^ b; // Em binário: 0111, ou seja, 7 em decimal
        Console.WriteLine("Resultado do XOR bitwise: " + resultado);

        // NOT bitwise
        resultado = ~a; // Inverte os bits de a
```

```csharp
        Console.WriteLine("Resultado do NOT bitwise em 'a': " + resultado);

        // Deslocamento para esquerda (Left shift)
        resultado = a << ; // Multiplica 'a' por 2, resultado é 18
        Console.WriteLine("Resultado do deslocamento para a esquerda: " +
resultado);

        // Deslocamento para direita (Right shift)
        resultado = a >> ; // Divide 'a' por 2, resultado é 4
        Console.WriteLine("Resultado do deslocamento para a direita: " +
resultado);
    }
}
```

Neste exemplo, estamos manipulando os bits de dois números inteiros usando operadores *bitwise*. Para cada operador, calculamos o resultado e o exibimos no console. Como você pode ver, operadores *bitwise* podem ser bastante úteis para manipulação eficiente de bits em certas aplicações, especialmente aquelas que lidam com operações de baixo nível ou que precisam otimizar o desempenho.

Operadores de Tipo

Os operadores de tipo são usados para manipular o tipo de dados de um objeto:

- **"is"** (retorna true se o objeto é do tipo especificado)
- **"as"** (retorna o objeto convertido para o tipo especificado ou null se a conversão não for possível)

Em nossos próximos capítulos, iremos explorar mais detalhadamente cada um desses operadores, mostrando como usá-los no código.

No desenvolvimento de software, controlar o fluxo de execução é uma das partes mais críticas. Isso é feito principalmente por meio de declarações condicionais e loops. Em C#, temos várias estruturas de controle de fluxo que nos permitem controlar como e quando certos blocos de código são executados.

Declarações condicionais

Em C#, existem duas estruturas de controle de fluxo condicionais principais: *if-else* e *switch-case*.

If-Else

A estrutura *if-else* é a forma mais comum de controlar o fluxo de um programa. Vejamos um exemplo simples:

```csharp
int numero = 0;

if (numero > 0)
{
    Console.WriteLine("O número é positivo.");
}
else
{
    Console.WriteLine("O número é negativo ou zero.");
}
```

Neste exemplo, a declaração *if* verifica se a variável *numero* é maior que zero. Se for, exibe *"O número é positivo."*. Caso contrário, o bloco *else* é executado e exibe *"O número é negativo ou zero."*.

Switch-Case

O *switch-case* é útil quando temos várias condições para verificar. Aqui está um exemplo:

```csharp
int diaDaSemana = 0;

switch (diaDaSemana)
{
    case 1:
        Console.WriteLine("Segunda-feira");
        break;
    case 2:
        Console.WriteLine("Terça-feira");
        break;
    case 3:
```

```
        Console.WriteLine("Quarta-feira");
        break;
    // E assim por diante, até o caso 7 (Domingo)
    default:
        Console.WriteLine("Valor inválido");
        break;
}
```

Neste exemplo, usamos *switch-case* para verificar o valor da variável *diaDaSemana* e exibir o dia correspondente da semana.

Loops

Em C#, existem três tipos principais de loops: *for*, *while* e *do-while*.

For

O loop *for* é usado quando sabemos quantas vezes queremos que um bloco de código seja repetido. Aqui está um exemplo:

```
for (int i = 0; i < 5; i++)
{
    Console.WriteLine("Número: " + i);
}
```

Este exemplo imprime os números de 0 a 4 na tela.

While

O loop *while* é usado quando queremos que um bloco de código seja repetido enquanto uma condição específica for verdadeira. Aqui está um exemplo:

```
int i = 0;

while (i < 5)
{
    Console.WriteLine("Número: " + i);
    i++;
}
```

Este exemplo tem o mesmo resultado do exemplo do loop *for* acima, mas usa o loop *while*.

Do-While

O loop *do-while* é semelhante ao *while*, mas a condição é verificada após a execução do bloco de código, garantindo que o bloco seja executado pelo menos uma vez. Aqui está um exemplo:

```csharp
int i = 0;

do
{
    Console.WriteLine("Número: " + i);
    i++;
} while (i < 10);
```

Novamente, este exemplo tem o mesmo resultado dos exemplos de loop *for* e *while* acima, mas usa o loop *do-while*.

Com essas estruturas de controle de fluxo, podemos criar programas complexos e lógicas sofisticadas em C#. Pratique essas estruturas e tente usá-las em seus programas. No próximo capítulo, discutiremos *arrays* e *listas* em C#.

4.5 - Arrays e Listas

Arrays e **listas** são fundamentais para a programação. Eles nos permitem armazenar múltiplos valores em uma única estrutura de dados. No C#, temos suporte nativo para essas duas estruturas. Vamos explorá-las a seguir.

Arrays

Arrays são estruturas de dados que contêm um número fixo de elementos do mesmo tipo. Você pode declarar um *array* em C# da seguinte maneira:

```csharp
int[] numeros = new int[5];
```

Neste exemplo, declaramos um array chamado *números* que pode conter cinco inteiros. É importante lembrar que, em C#, os arrays são baseados em zero, o que significa que o primeiro elemento está no índice 0.

Podemos inicializar o *array* no momento da declaração, como mostrado abaixo:

```csharp
int[] numeros = new int[] { 1, 2, 3, 4, 5 };
```

Podemos acessar um elemento específico do *array* usando seu índice, como mostrado abaixo:

```csharp
int primeiroNumero = numeros[0];   // Isso nos dará o primeiro número
```

Listas

Listas, ao contrário de arrays, são dinâmicas. Elas podem crescer e encolher em tempo de execução. A classe *List<T>* faz parte do *namespace System.Collections.Generic* em C#.

Para declarar uma lista, podemos fazer o seguinte:

```csharp
List<int> numeros = new List<int>();
```

Neste exemplo, declaramos uma lista de inteiros chamada *numeros*. Podemos adicionar elementos a esta lista usando o método *Add*:

```csharp
numeros.Add(1);
numeros.Add(2);
numeros.Add(3);
```

Para acessar elementos em uma lista, usamos a mesma sintaxe que usamos para arrays:

```csharp
int primeiroNumero = numeros[ ];  // Isso nos dará o primeiro número
```

Podemos remover elementos de uma lista usando o método *Remove*:

```csharp
numeros.Remove( ); // Isso removerá o número 1 da lista
```

Também podemos verificar se um elemento específico existe na lista usando o método *Contains*:

```csharp
bool contemDois = numeros.Contains( );  // Isso verificará se a lista contém
o número 2
```

As listas em C# oferecem muitos outros métodos úteis, como *Sort()*, *Reverse()*, *Find()*, entre outros, que você pode explorar por conta própria.

Vetores e Matrizes, o que são no C#?

A diferença entre arrays (também conhecidos como vetores em algumas linguagens) e matrizes, e a diferença entre listas e vetores são pontos importantes a serem compreendidos.

Vetores x Arrays

Em C#, **vetores e arrays são essencialmente a mesma coisa**. "Array" é o termo usado mais amplamente, mas muitos programadores também usam o termo "vetor" para se referir a uma coleção unidimensional de itens. Nesse sentido, um vetor é um tipo específico de array. No entanto, vale ressaltar que, em algumas outras linguagens de programação, a distinção entre vetores e arrays pode ser mais significativa, com diferenças em termos de funcionalidade e desempenho.

Arrays x Matrizes

Enquanto **um array (ou vetor) é uma coleção unidimensional** de elementos, **uma matriz é uma coleção bidimensional**. Em outras palavras, uma matriz é basicamente um array de arrays. Por exemplo, você pode ter uma matriz que representa uma grade ou uma tabela, com linhas e colunas.

Aqui está um exemplo de como você poderia declarar e inicializar uma matriz em C#:

C#

```
int[,] matriz = new int[3, 3]
{
    { 1, 2, 3 },
    { 4, 5, 6 },
    { 7, 8, 9 }
};
```

Este código cria uma matriz 3x3, onde o primeiro número entre colchetes representa as linhas e o segundo as colunas.

Vetores x Listas

A diferença mais significativa entre vetores (ou arrays) e listas em C# é que **os arrays têm um tamanho fixo**, enquanto **as listas são dinâmicas e podem expandir e contrair conforme necessário**. Isso significa que, se você estiver trabalhando com um conjunto de dados e não souber quantos itens terá, uma lista pode ser uma escolha melhor. Por outro lado, se você souber que sempre terá um número específico de itens, um array pode ser mais eficiente em termos de memória.

Além disso, as listas em C# (representadas pela classe *List<T>*) vêm com uma grande variedade de métodos úteis para manipular os dados, como *Add()*, *Remove()*, *Sort()*, *Find()*, entre outros. Esses métodos podem tornar o trabalho com listas mais fácil e intuitivo em muitos casos.

Vale ressaltar que, embora os arrays sejam mais simples em termos de funcionalidade, eles são, na verdade, um pouco mais eficientes em termos de desempenho. Então, se você está lidando com um grande volume de dados e a performance é uma preocupação, os *arrays* podem ser uma escolha melhor.

Espero que estas explicações ajudem a esclarecer as diferenças entre vetores, arrays, listas e matrizes. No próximo capítulo, iremos nos aprofundar em outros aspectos fundamentais do C#.

Com a compreensão de arrays e listas em C#, você pode armazenar e manipular conjuntos de dados de maneira eficaz em seus programas. No próximo capítulo, falaremos sobre funções e métodos em C#.

No C#, os termos "**método**" e "**função**" são frequentemente usados de maneira intercambiável, embora tecnicamente haja uma distinção. Em C#, uma função é um tipo de método - um bloco de instruções que realiza uma tarefa específica. Um método, por outro lado, é uma função associada a um objeto. Para fins práticos, você pode usar esses termos indistintamente, mas é importante entender a diferença.

Os métodos e funções são a espinha dorsal da programação orientada a objetos (OOP). Eles nos permitem dividir nossos programas em blocos de código menores, cada um com uma tarefa específica. Isso nos ajuda a manter nosso código limpo, organizado e fácil de manter.

Declarando Métodos

Em C#, declaramos um método especificando seu tipo de retorno, nome, parâmetros e corpo. O tipo de retorno é o tipo de valor que o método retorna. Se o método não retornar um valor, usamos a palavra-chave *void*. Os parâmetros são variáveis que passamos para o método. O corpo do método é onde colocamos nossas instruções.

Aqui está um exemplo de um método simples em C#:

```csharp
void ImprimirMensagem()
{
    Console.WriteLine("Olá, mundo!");
}
```

Nesse caso, *void* é o tipo de retorno, *ImprimirMensagem* é o nome do método e *"Console.WriteLine("Olá, mundo!");"* é o corpo do método. Este método não tem parâmetros.

Retornando Valores

Podemos fazer um método retornar um valor usando a instrução *return*. Por exemplo, o método a seguir retorna um *int*:

```csharp
int Dobrar(int numero)
{
    return numero * 2;
}
```

Nesse método, *int* é o tipo de retorno, *Dobrar* é o nome do método e *numero* é um parâmetro. O corpo do método retorna o dobro do número que passamos para ele.

Parâmetros de Método

Os métodos podem ter vários parâmetros. Por exemplo, aqui está um método que aceita dois números e retorna sua soma:

```csharp
int Soma(int num1, int num2)
{
    return num1 + num2;
}
```

Nesse método, *num1* e *num2* são parâmetros.

Chamando Métodos

Para usar um método, precisamos chamá-lo. Fazemos isso usando o nome do método e passando quaisquer parâmetros necessários. Por exemplo, aqui está como você chamaria os métodos que declaramos anteriormente:

```csharp
ImprimirMensagem();

int resultado = Dobrar( );
Console.WriteLine(resultado);  // Imprime "10"

int soma = Soma( ,  );
Console.WriteLine(soma);  // Imprime "11"
```

Isso é apenas uma introdução aos métodos e funções em C#. Existe muito mais que você pode fazer com eles, como usar parâmetros opcionais e variáveis, sobrecarga de métodos, e muito mais. Esses tópicos são mais avançados, então nós os exploraremos mais tarde.

No próximo capítulo, exploraremos a orientação a objetos em C#, que é onde os métodos realmente começam a brilhar. Mas por enquanto, pratique a criação e o uso de métodos e funções. Eles são uma ferramenta essencial em sua caixa de ferramentas de programação em C#.

A **orientação a objetos (OOP)** é um paradigma de programação que utiliza a ideia de "objetos" - entidades que contêm tanto dados (atributos) quanto código (métodos). Esses objetos são organizados em classes, que são como plantas baixas para a criação de objetos individuais.

Os quatro pilares fundamentais da Programação Orientada a Objetos (POO) são:

Encapsulamento: O encapsulamento é um mecanismo que restringe o acesso direto aos dados de um objeto. No entanto, é possível acessar esses dados por meio de métodos do objeto (geralmente conhecidos como getters e setters). O encapsulamento ajuda a proteger os dados de serem modificados acidentalmente e é uma forma de ocultar detalhes de implementação de objetos.

Abstração: A abstração é uma técnica que nos ajuda a lidar com a complexidade. Permite-nos esconder os detalhes e mostrar apenas a funcionalidade. Em outras palavras, é um mecanismo para representar entidades do mundo real, mostrando apenas detalhes relevantes, com o objetivo de reduzir a complexidade e aumentar a eficiência.

Herança: A herança é um mecanismo que permite que uma classe herde campos e métodos de outra classe. A classe herdeira é chamada de subclasse e a classe da qual ela herda é chamada de superclasse. A herança permite o reuso de código e é uma maneira de representar relações do tipo "é um".

Polimorfismo: O polimorfismo é um conceito pelo qual podemos executar uma única ação de maneiras diferentes. Em outras palavras, o polimorfismo permite que você defina um tipo de interface que pode ser usada em várias classes diferentes. Isso ajuda a tornar os sistemas mais modularizados e fáceis de estender e manter.

Esses quatro conceitos são fundamentais para o design e a arquitetura de software orientado a objetos e serão vistos de forma introdutória no decorrer deste capítulo.

Classes

Uma classe é um protótipo que define os atributos e comportamentos que um objeto terá. Em outras palavras, a classe é como um "blueprint" para a criação de objetos. Por exemplo, suponha que temos uma classe chamada *Carro*. Esta classe pode ter atributos como *marca*, *modelo* e *ano*. Além disso, essa classe pode ter comportamentos, os quais são definidos por métodos, como *Buzinar()*, *Acelerar()* e *Frear()*.

Aqui está um exemplo simples de uma classe *Carro* em C#:

```csharp
public class Carro
{
    // Atributos da classe
    public string marca;
    public string modelo;
    public int ano;

    // Método da classe
    public void Buzinar()
    {
        Console.WriteLine("Beep! Beep!");
    }
}
```

No exemplo anterior, *marca*, *modelo* e *ano* são atributos da classe *Carro*. O método *Buzinar()* é um comportamento da classe *Carro*. Lembre-se do capítulo anterior onde discutimos <u>métodos</u> e <u>funções</u>? Aqui você pode ver um exemplo prático disso. Quando chamamos o método *Buzinar()*, a mensagem *"Beep! Beep!"* será exibida na tela.

Agora vamos criar um exemplo com uma classe chamada *Ponto*, que representa um ponto em um sistema de coordenadas 2D.

```csharp
public class Ponto
{
    public int x;
    public int y;

    public Ponto(int x, int y)
    {
        this.x = x;
        this.y = y;
    }

    public void ExibirCoordenadas()
    {
        Console.WriteLine("Coordenadas do Ponto: (" + x + "," + y + ")");
    }
}
```

Aqui, temos uma classe *Ponto* com dois atributos públicos (*x* e *y*), um construtor que inicializa esses atributos e um método *ExibirCoordenadas()* que exibe as coordenadas do ponto.

Agora, você pode criar um objeto desta classe e usá-lo da seguinte forma:

```csharp
Ponto p = new Ponto( , );
p.ExibirCoordenadas();
```

A saída será:

```csharp
Coordenadas do Ponto: (5, 10)
```

Este exemplo mostra a mesma ideia principal de que uma classe define atributos e comportamentos que seus objetos terão.

As classes são um conceito fundamental da programação orientada a objetos e são extremamente úteis para organizar e estruturar seu código de maneira lógica e intuitiva.

Objetos

Na programação orientada a objetos, um objeto é uma instância de uma classe. Em termos simples, se você considerar uma classe como um "projeto" ou "modelo", um objeto seria uma implementação desse projeto. Assim como uma casa é construída a partir de um projeto arquitetônico, um objeto é construído a partir de uma classe.

Cada objeto é criado com atributos e comportamentos específicos, conforme definido pela sua classe. Esses atributos, também conhecidos como variáveis de instância, determinam o estado de um objeto, enquanto os comportamentos, também chamados de métodos, definem o que um objeto pode fazer.

Criar objetos permite que você modele o mundo real em seu código, tornando-o mais intuitivo e fácil de gerenciar. Cada objeto age de forma independente dos outros, mas todos seguem as diretrizes definidas em sua classe comum. Isso facilita o controle do fluxo de seu programa, pois você pode manipular cada objeto individualmente, enquanto ainda aproveita a estrutura geral fornecida pela classe.

Por exemplo, aqui está como você criaria um objeto da classe *Carro*, criada anteriormente:

```csharp
Carro meuCarro = new Carro();
meuCarro.marca = "Ferrari";
meuCarro.modelo = "F40";
meuCarro.ano = 1987;
meuCarro.Buzinar();  // Exibe "Beep! Beep!" na tela
```

Construtores

Construtores são métodos especiais em classes que são chamados automaticamente quando um objeto daquela classe é criado. Eles geralmente têm o mesmo nome da classe e não possuem um tipo de retorno.

A principal função dos construtores é inicializar os objetos. Eles permitem que você defina um estado inicial para seu objeto. Por exemplo, você pode usar um construtor para garantir que todos os carros em seu programa tenham uma cor e uma marca atribuídas no momento da criação.

Vamos modificar a classe Carro que já criamos para incluir um construtor:

```csharp
public class Carro
{
    // Propriedades
    public string Cor { get; set; }
    public string Marca { get; set; }

    // Construtor
    public Carro(string cor, string marca)
    {
        this.Cor = cor;
        this.Marca = marca;
    }

    // Método
    public void Buzinar()
    {
        Console.WriteLine("Buzina do carro fazendo barulho!");
    }
}
```

No exemplo anterior, adicionamos um construtor à nossa classe *Carro*. Este construtor aceita dois parâmetros: *cor* e *marca*. Quando um objeto *Carro* é criado, este construtor é chamado, e os valores de *cor* e *marca* são atribuídos às propriedades *Cor* e *Marca* do objeto.

Aqui está um exemplo de como criar um objeto *Carro* usando este construtor:

```csharp
Carro meuCarro = new Carro("Vermelho", "Ferrari");
Console.WriteLine(meuCarro.Cor); // Vermelho
Console.WriteLine(meuCarro.Marca); // Ferrari
```

Como você pode ver, usamos o construtor para inicializar o objeto *meuCarro* com uma cor e marca específicas.

Os construtores são uma parte importante do conceito de orientação a objetos, pois eles nos permitem controlar a inicialização dos nossos objetos, tornando nossos programas mais robustos e menos propensos a erros.

Compreender a Programação Orientada a Objetos (POO) é essencial para qualquer desenvolvedor C#. Este paradigma de programação transformou a maneira como escrevemos código e estruturamos nossos programas. Em POO, organizamos nosso código em classes e objetos, que são uma representação abstrata de um conceito ou uma coisa no mundo real.

Mas a verdadeira força da POO está em seus quatro pilares fundamentais: *encapsulamento, herança, polimorfismo* e *abstração*. Juntos, eles dão flexibilidade e estrutura à nossa programação, permitindo que nosso código seja reutilizável, organizado e, acima de tudo, fácil de entender e manter.

Agora vamos explorar cada um desses pilares em detalhes, entender seus princípios e ver como eles são aplicados na linguagem C#.

Encapsulamento

O encapsulamento é um dos quatro pilares fundamentais da OOP. Ele nos permite esconder os detalhes internos de uma classe, protegendo os dados de serem acessados diretamente. No C#, alcançamos o encapsulamento por meio do uso de propriedades (*getters* e *setters*) e modificadores de acesso (*public, private, protected* etc.).

Vejamos um exemplo de encapsulamento em ação:

```csharp
public class Carro
{
    private string marca;

    // Propriedade
    public string Marca
    {
        get { return marca; }
        set { marca = value; }
    }
}
```

No exemplo anterior, *marca* é um campo privado e *Marca* é uma propriedade pública. Qualquer código fora da classe *Carro* só pode acessar *marca* através da propriedade *Marca*, garantindo que o campo *marca* possa ser protegido de alterações indesejadas.

Herança

Um dos conceitos fundamentais da programação orientada a objetos, a herança é um processo de definição de uma nova classe com base em uma classe existente. A nova classe é chamada de classe derivada ou classe filha, e a classe existente da qual a classe derivada é formada é chamada de classe base ou classe pai.

A herança permite que as classes compartilhem, estendam e reutilizem código de forma eficaz. Quando uma classe filha herda de uma classe pai, ela pode reutilizar (ou "herdar") todos os membros de dados e funções da classe pai. A classe filha também pode sobrescrever ou modificar os comportamentos herdados.

A herança fornece uma série de benefícios. Ela promove a reutilização de código, pois podemos definir comportamentos comuns na classe pai e estendê-los ou modificá-los na classe filha conforme necessário. A herança também facilita a manutenção do código, pois mudanças na lógica comum podem ser feitas em um só lugar (a classe pai).

Aqui está um exemplo de herança em C#:

```csharp
public class Veiculo  // Superclasse
{
    public string Marca { get; set; }
    public string Modelo { get; set; }
}

public class Carro : Veiculo  // Subclasse
{
    public int Portas { get; set; }
}

Carro meuCarro = new Carro();
meuCarro.Marca = "Ferrari";
meuCarro.Modelo = "F40";
meuCarro.Portas = 2;
```

Neste exemplo, *Carro* é uma subclasse de *Veiculo* e herda seus campos *Marca* e *Modelo*. A subclasse *Carro* também tem seu próprio campo *Portas*.

A herança é crucial para o polimorfismo, outro pilar da programação orientada a objetos que veremos mais adiante.

O C# suporta herança de classe única, o que significa que uma classe pode herdar apenas de uma única classe. No entanto, uma classe pode implementar qualquer número de interfaces, que veremos em detalhes em outro momento.

Com isso, temos uma noção básica sobre herança. No próximo tópico, vamos aprofundar no polimorfismo e como a herança e o polimorfismo trabalham juntos para tornar nosso código mais flexível e reutilizável.

Polimorfismo

O termo "polimorfismo" vem do grego "*poly*" (muitos) e "*morph*" (formas), então literalmente significa "*muitas formas*".

Em C#, o polimorfismo permite que objetos de diferentes tipos sejam tratados como objetos de um tipo comum. Isso proporciona flexibilidade e dinamismo, permitindo a execução de comportamentos diferentes com base no tipo real do objeto, mesmo que seja referenciado por meio de um tipo comum.

Compilado de entender? Então, vamos ilustrar o conceito com um exemplo:

```csharp
public class Animal
{
    public virtual void FazerBarulho()
    {
        Console.WriteLine("O animal faz barulho");
    }
}

public class Cachorro : Animal
{
    public override void FazerBarulho()
    {
        Console.WriteLine("O cachorro faz 'au au'");
    }
}

public class Gato : Animal
{
    public override void FazerBarulho()
    {
        Console.WriteLine("O gato faz 'miau'");
    }
}
```

No código acima, temos uma classe base *Animal* com um método virtual *FazerBarulho*. Em seguida, temos duas classes derivadas: *Cachorro* e *Gato*, ambas sobrescrevendo o método *FazerBarulho*.

Agora, mesmo que declaremos uma variável do tipo *Animal*, ela poderá referenciar objetos dos tipos *Cachorro* e *Gato*, executando os respectivos comportamentos de *FazerBarulho*.

```csharp
Animal meuAnimal = new Cachorro();
meuAnimal.FazerBarulho(); // Saída: "O cachorro faz 'au au'"

meuAnimal = new Gato();
meuAnimal.FazerBarulho(); // Saída: "O gato faz 'miau'"
```

Como visto, o polimorfismo permite que o método a ser executado seja determinado em tempo de execução com base no tipo real do objeto. Isso facilita a escrita de código que é flexível, mas ainda capaz de se comportar de maneira apropriada para diferentes situações.

Abstração

Outro pilar fundamental da programação orientada a objetos é a abstração. A abstração, em essência, é o ato de simplificar complexidades focando em características essenciais. Em programação, a abstração é uma forma de simplificar a complexidade de um sistema ao esconder detalhes desnecessários e focar apenas no que é necessário para um objetivo.

Na programação orientada a objetos, a abstração é alcançada através das *classes*, *interfaces* e *métodos abstratos*. Uma **classe abstrata** é uma classe que não pode ser instanciada diretamente. Ela serve como uma classe base a partir da qual outras classes podem herdar. Classes abstratas podem conter membros abstratos (métodos, propriedades, etc.) que devem ser implementados pelas classes derivadas.

Para ilustrar, vamos considerar um exemplo de uma classe abstrata chamada *Animal*. Essa classe pode ter um método abstrato chamado *Falar*, que será implementado de maneiras diferentes pelas classes derivadas, como *Cão* e *Gato*, que herdam da classe *Animal*.

```csharp
public abstract class Animal
{
    public abstract void Falar();
}

public class Cão : Animal
{
    public override void Falar()
    {
        Console.WriteLine("O cão faz: Au Au!");
    }
}

public class Gato : Animal
{
    public override void Falar()
    {
        Console.WriteLine("O gato faz: Miau!");
    }
}
```

Como você pode ver, a classe abstrata *Animal* serve como um modelo para as classes *Cão* e *Gato*. O método abstrato *Falar* é implementado de maneiras diferentes por cada classe, refletindo o som que cada animal faz. Isso é abstração. Estamos escondendo a complexidade de cada classe específica de animal e generalizando em uma classe abstrata *Animal*.

Essa é a essência da abstração: *focar no que é essencial e esconder detalhes desnecessários*. É um conceito poderoso que permite criar sistemas complexos, mantendo o código gerenciável e compreensível.

Interfaces

No contexto da Programação Orientada a Objetos, uma interface é um contrato que define um conjunto de métodos e propriedades que uma classe deve implementar. Interfaces são fundamentais para a criação de sistemas modularizados e facilmente extensíveis, pois permitem que os objetos interajam uns com os outros através de contratos bem definidos.

Ao contrário das classes, as interfaces não fornecem uma implementação padrão dos métodos e propriedades que elas declaram. É responsabilidade da classe que implementa a interface fornecer a implementação específica.

Suponhamos que estamos desenvolvendo um sistema de gerenciamento de documentos. Podemos ter vários tipos de documentos: *texto, imagens, arquivos PDF etc*. Cada tipo de documento pode ter operações específicas, como *abrir, salvar, imprimir* etc. No entanto, a forma como essas operações são realizadas pode variar dependendo do tipo do documento.

Aqui é onde as interfaces entram. Podemos definir uma interface *IDocumento* que declara métodos para *abrir, salvar* e *imprimir* um documento. Cada classe de documento então implementará a interface *IDocumento* e fornecerá sua própria implementação dos métodos.

```csharp
public interface IDocumento
{
    void Abrir();
    void Salvar();
    void Imprimir();
}

public class TextoDocumento : IDocumento
{
    public void Abrir()
    {
        // Implementação para abrir um documento de texto.
    }

    public void Salvar()
    {
        // Implementação para salvar um documento de texto.
    }

    public void Imprimir()
    {
        // Implementação para imprimir um documento de texto.
    }
}
```

No código acima, a interface *IDocumento* define um contrato que a classe *TextoDocumento* implementa. Note que a interface apenas define o que deve ser feito, ou seja, os métodos *Abrir, Salvar* e *Imprimir*, mas não define como deve ser feito. O como é definido pela classe que implementa a interface.

O uso de interfaces ajuda a promover a modularização e a extensibilidade do código, tornando-o mais gerenciável e fácil de evoluir e manter.

Neste capítulo eu dei apenas uma visão geral da POO em C#. Há muito mais para explorar como métodos virtuais, por exemplo. Mas por enquanto, concentre-se em entender esses princípios básicos, pois eles são a base da programação orientada a objetos em C#.

CAPÍTULO 5

WINDOWS FORM

5.1 - O Que é Windows Form?

O **Windows Forms**, também conhecido como **WinForms**, é uma biblioteca gráfica de classe que faz parte do *Microsoft .NET Framework*, proporcionando uma plataforma para desenvolver aplicações ricas para o Windows. Mas o que realmente significa e por que foi criado? Vamos explorar.

O Windows Forms surgiu com a introdução do .NET Framework no início dos anos 2000, quando a Microsoft reconheceu a necessidade de uma abordagem unificada e consistente para o desenvolvimento de interfaces de usuário (UI) em diferentes plataformas Windows. Com o seu desenvolvimento, a "gigante de Redmond" objetivava:

Facilitar o Desenvolvimento

Reduzir a complexidade ao criar interfaces gráficas, oferecendo uma abordagem baseada em arrastar e soltar.

Fornecer Controles Ricos

Oferecer uma vasta biblioteca de controles prontos para usar e personalizáveis, acelerando o processo de desenvolvimento.

Interoperabilidade

Permitir uma fácil integração com outras tecnologias e bibliotecas do .NET Framework, incluindo acesso a bancos de dados e serviços web.

Acessibilidade e Internacionalização

Facilitar a criação de aplicativos acessíveis e internacionalizados, cumprindo as normas globais.

Como eu já mencionei, a Microsoft tinha por meta estabelecer uma abordagem unificada e consistente para o desenvolvimento de interfaces de usuário (UI) em diferentes plataformas Windows. Assim, dotou o Windows Forms com algumas características chaves que são:

- **Design Visual**: Possibilidade de arrastar e soltar controles visuais em um formulário.
- **Controles**: Inclui uma grande variedade de controles interativos.
- **Personalização**: Crie e estenda controles para se ajustar às suas necessidades.
- **Eventos e Manipuladores de Eventos**: Responda a eventos gerados pelo usuário, como cliques e movimentos do mouse.

As "janelas" são o conceito padrão de todas as versões do sistema operacional Windows, e este fato sempre foi uma parte essencial da experiência do usuário. Diante dessa premissa, foi bastante natural ver o movimento da Microsoft no sentido de criar um ambiente de desenvolvimento específico, como o Windows Forms, para permitir aos desenvolvedores a criação de novos programas para esse ambiente, um ecossistema com grande potencial de crescimento.

Essa abordagem não apenas permite manter uma coerência visual e funcional entre os aplicativos, mas também facilita o processo de desenvolvimento, oferecendo aos programadores uma variedade de ferramentas e controles prontos para uso.

5.2 - Criando seu primeiro projeto Windows Form

Depois de alguma teoria, que tal criar um exemplo de aplicação Windows Forms que exibe uma mensagem personalizada quando um botão é pressionado? Se você topar o desafio, faça o seguinte:

1 - Execute o Visual Studio e clique na opção "**Criar um projeto**".

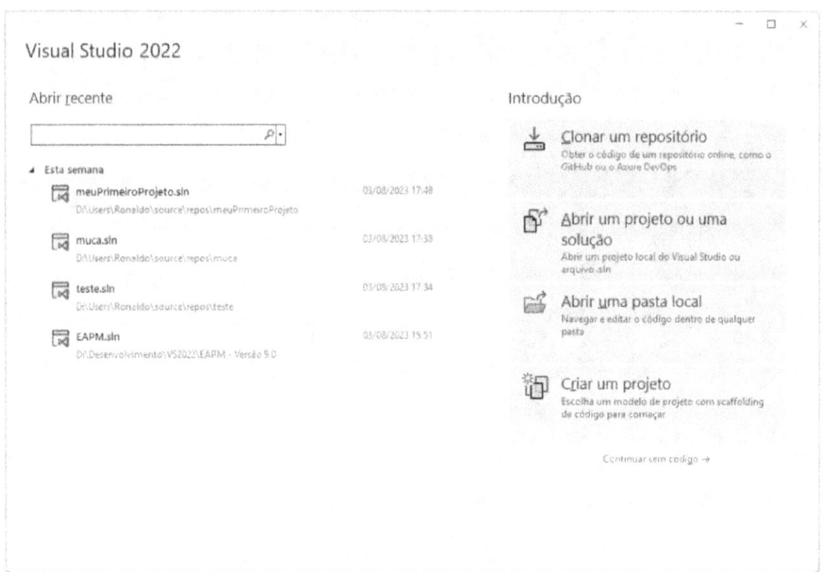

2 - Na nova janela exibida, escolha "**Aplicativo do Windows Forms (.NET Framework)**". Para facilitar, você pode buscar diretamente o texto "Aplicativo do Windows Forms (.NET Framework)".

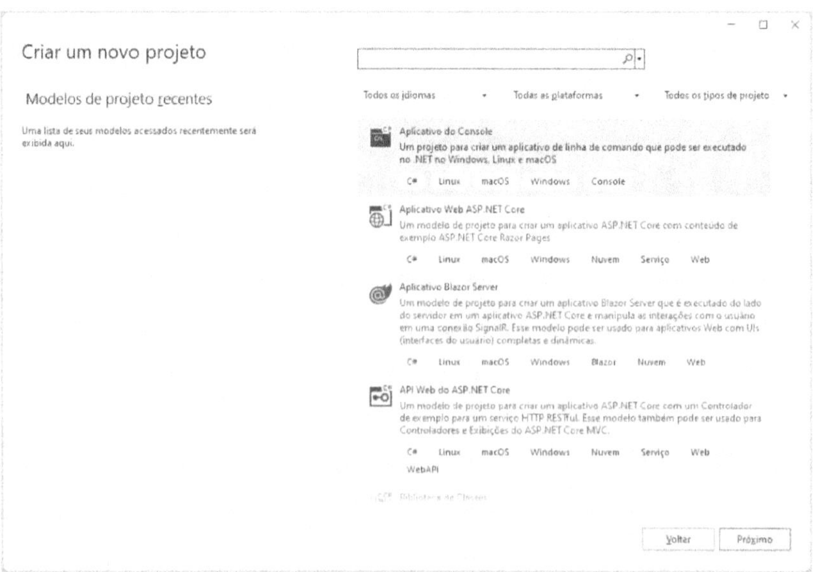

3 - Dê um nome ao seu projeto e clique em **"Criar"**.

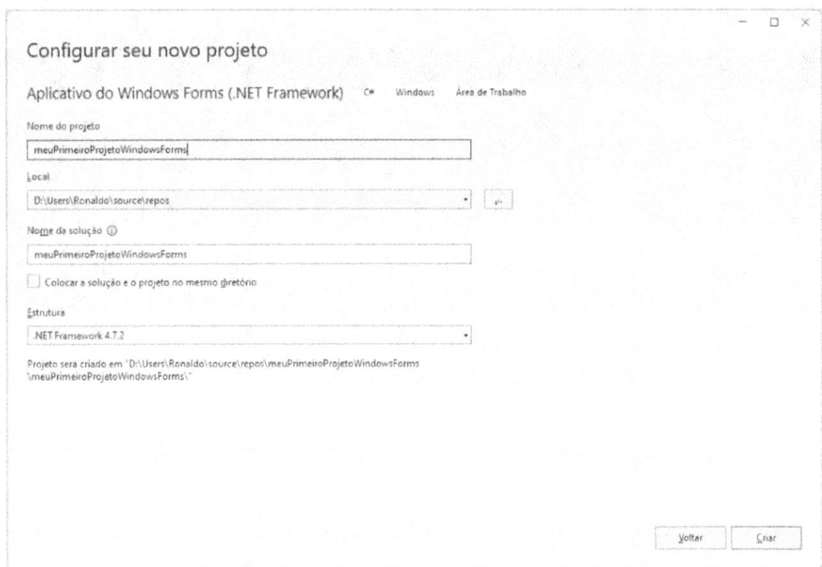

4 - Adicione um Botão (**Button**) ao formulário, arrastando o respectivo controle da toolbox para o formulário, e deixando o formulário com uma aparência similar à da janela abaixo.

Se a barra de ferramentas (**toolbox**) não estiver visível à esquerda da tela, clique no menu *"Exibir > Caixa de Ferramentas"* para exibi-la.

5 - Adicione um Evento, <u>clicando duas vezes</u> no botão para abrir o editor de código e adicione o seguinte código:

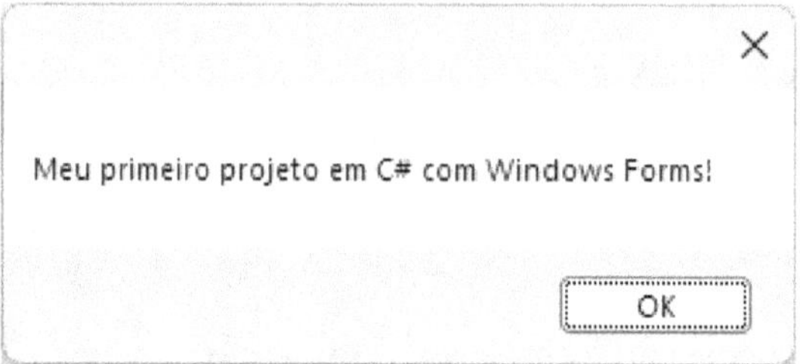

```csharp
private void button1_Click(object sender, EventArgs e)
{
    string mensagem = "Meu primeiro projeto em C# com Windows Forms!";
    MessageBox.Show(mensagem);
}
```

6 - Execute o aplicativo, pressionando a tecla **"F5"** e clique no botão. Se tudo correr bem, você verá uma janela de diálogo, como a exibida abaixo, com a mensagem *"Meu primeiro projeto em C# com Windows Forms!"* e o botão "OK".

 7 - Clique no botão "OK" para fechar a janela de diálogo e voltar à tela da aplicação. Depois, clique no "X" no canto superior direito da tela para encerrar a aplicação.

Pronto! Agora que você criou e executou a sua primeira aplicação, saiba que o Windows Forms representa um marco no desenvolvimento de aplicativos Windows, tornando o processo mais acessível e eficiente.

Ainda que tecnologias mais recentes como WPF tenham surgido, o Windows Forms permanece uma escolha robusta e confiável para muitos desenvolvedores. Sua história e legado continuam a influenciar a forma como as interfaces de usuário são criadas no Windows.

5.3 - Trabalhando com Controles

No desenvolvimento de aplicações Windows Forms, os controles são fundamentais. Eles permitem a interação do usuário com a aplicação e podem ser inseridos de diversas formas. Como visto no capítulo anterior, uma das maneiras mais comuns e eficientes de trabalhar com controles é através do recurso de *"arrastar e soltar"* no designer visual do Visual Studio. Contudo, você também pode optar por criar e configurar esses controles manualmente através do código, utilizando o arquivo "designer.cs" associado ao seu formulário.

Voltando ao exemplo do tópico anterior, ao selecionar o *"Gerenciador de Soluções"*, à direita da tela, você poderá visualizar os arquivos do projeto *"Meu primeiro projeto em C# com Windows Forms!"*. Ao clicar na seta ao lado de *"Form1.cs"* você expandirá os detalhes do arquivo e verá que ele contém dois outros arquivos: *"Form1.Designer.cs"* e *"Form1.resx"*.

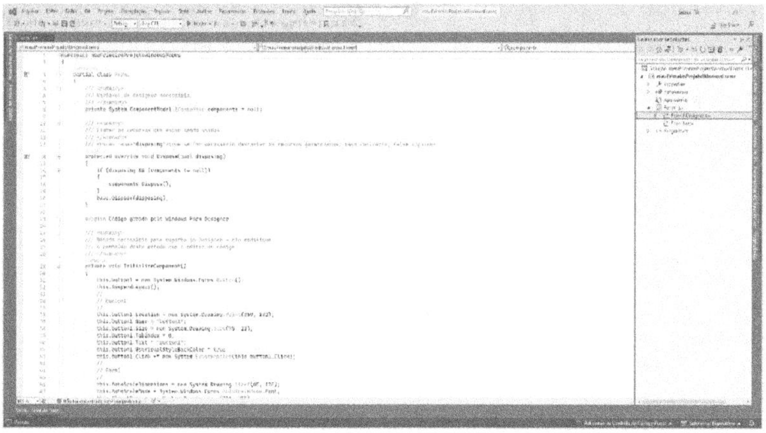

Neste exemplo, é o arquivo *"Form1.Designer.cs"* que torna possível criar e configurar controles visuais, manualmente, através do código. Portanto, se preferir, você pode criar controles via código. Para programadores mais experientes, esta opção oferece mais controle sobre os aspectos finos dos controles. Talvez, por hora, você prefira o *"arrastar e soltar"*, mas veja alguns exemplos de códigos que podem ser utilizados para criar controles comuns:

Botão (com evento "Click")

```csharp
Button myButton = new Button();
myButton.Text = "Clique aqui";
myButton.Location = new Point(10, 10);
myButton.Click += (sender, e) => {
    MessageBox.Show("Você clicou no botão!");
};
this.Controls.Add(myButton);
```

Caixa de Texto

```csharp
TextBox myTextBox = new TextBox();
myTextBox.Location = new Point(10, 40);
this.Controls.Add(myTextBox);
```

Lista Suspensa (ComboBox)

```csharp
ComboBox myComboBox = new ComboBox();
myComboBox.Items.Add("Opção 1");
myComboBox.Items.Add("Opção 2");
myComboBox.Location = new Point(10, 70);
this.Controls.Add(myComboBox);
```

Trabalhar com controles em Windows Forms é um processo versátil. E agora Você sabe que pode optar pelo método de *"arrastar e soltar"* para uma abordagem mais visual, ou utilizar o código no arquivo *"designer.cs"* para uma personalização mais profunda.

Ambas as abordagens têm suas vantagens, e você pode escolher aquela que melhor atende às suas necessidades e preferências. Contudo, o nome Visual Studio já induz à abordagem visual.

5.4 - Eventos e Métodos

Em qualquer aplicação com interface gráfica, a capacidade de responder às ações do usuário é fundamental. Neste capítulo, vamos detalhar o que são eventos e métodos e como trabalhar com eles em C# usando Windows Forms.

Eventos

Eventos em C# são uma maneira de notificar o sistema que algo aconteceu, como um clique em um botão, o pressionar de uma tecla, etc. Você pode escrever código para responder a esses eventos, permitindo que sua aplicação execute ações específicas quando determinados eventos ocorrerem.

Com o decorrer deste capítulo, você, intuitivamente, já assimilou de forma prática alguns conceitos ligados a eventos. Mas não custa nada reforça-los. Aqui está um exemplo de evento de clique em um botão:

```csharp
Button myButton = new Button();
myButton.Text = "Clique Aqui!";
myButton.Click += MyButton_Click;
this.Controls.Add(myButton);

private void MyButton_Click(object sender, EventArgs e)
{
    MessageBox.Show("Você clicou no botão!");
}
```

Métodos

Métodos são blocos de código que executam uma ação específica e podem ser chamados (ou "invocados") em diferentes partes do seu programa. Você pode associar um método a um evento específico para que ele seja executado quando o evento ocorrer. Veja um exemplo de método para alterar a cor de fundo de um formulário:

```csharp
private void ChangeBackgroundColor(Color color)
{
    this.BackColor = color;
}

// Você pode chamar este método em resposta a um evento, como:
private void MyButton_Click(object sender, EventArgs e)
{
    ChangeBackgroundColor(Color.Red);
}
```

Associando Eventos a Métodos

A associação de eventos a métodos permite que você determine a ação que deve ser realizada quando um evento específico ocorrer.

Aqui está um exemplo de como associar o evento de clique a um método específico:

```csharp
myButton.Click += MyButton_Click; // Associa o evento de clique ao método MyButton_Click
```

Trabalhar com eventos e métodos é uma parte importante da programação em C# com Windows Forms. Eventos permitem que sua aplicação responda às ações do usuário, e os métodos fornecem a funcionalidade que você deseja executar em resposta a esses eventos. Juntos, eles formam a base para a interação eficaz entre o usuário e sua aplicação.

O design de interface é um importante aspecto no desenvolvimento de aplicações interativas. Ele se concentra em criar interfaces eficazes e agradáveis para os usuários, levando em consideração a usabilidade e a experiência do usuário.

Vamos examinar alguns princípios fundamentais que podem guiar o design de interfaces eficazes:

Clareza e Simplicidade

- **Objetivo Claro**: A interface deve ter um propósito claro e não deve confundir o usuário com opções desnecessárias.
- **Simplicidade**: Menos frequentemente é mais. Mantenha a interface simples e intuitiva, sem sobrecarregar o usuário com muitas opções.

Consistência

- **Aparência Uniforme**: Manter a consistência em cores, fontes, e estilo ao longo da aplicação cria uma experiência uniforme.
- **Funcionalidade Consistente**: Elementos semelhantes devem operar de maneira semelhante em diferentes partes do aplicativo.

Feedback

- **Resposta Imediata**: A interface deve fornecer feedback imediato para as ações do usuário, seja através de animações, sons, ou outros sinais visuais.

Tolerância a Erros

- **Prevenção de Erros**: Ajudar os usuários a evitar erros através de sugestões e validações.
- **Recuperação de Erros**: Fornecer maneiras fáceis de corrigir erros ou desfazer ações.

Flexibilidade e Eficiência

- **Personalização**: Permitir que usuários experientes ajustem a interface de acordo com suas necessidades.
- **Atalhos**: Oferecer atalhos e recursos que acelerem a interação para os usuários frequentes.

Estética

- **Visual Agradável**: Uma aparência agradável aumenta a satisfação do usuário e pode contribuir para uma experiência de usuário mais positiva.

Acessibilidade

- **Uso Universal**: A interface deve ser acessível a todos os usuários, incluindo aqueles com deficiências.

Suponhamos que estamos criando um formulário de inscrição em uma aplicação. Aplicando os princípios acima, podemos: *manter a simplicidade* (tendo campos apenas essenciais), *ser Consistentes* (usando a mesma fonte e cores em todo o formulário), *fornecer feedback* (mostrando uma mensagem de sucesso após a inscrição), *ser tolerante a erros* (validando entradas e fornecendo opções de correção) e *ser flexível* (oferecendo opções para salvar rascunhos e continuar depois).

O design de interface é uma arte que requer atenção ao detalhe, empatia com o usuário e uma compreensão profunda do contexto em que a aplicação será usada. Não se trata apenas de tornar a aplicação bonita, mas de criar uma experiência que atenda às necessidades e expectativas do usuário de maneira eficiente e eficaz.

Ao adotar esses princípios, desenvolvedores e designers podem trabalhar juntos para criar interfaces que não apenas funcionem bem, mas que também encantem e engajem seus usuários.

A continuidade da prática e o estudo destes princípios irão conduzir a um design de interface mais refinado e centrado no usuário, resultando em aplicações bem-sucedidas e memoráveis.

CAPÍTULO

6

APLICAÇÕES CONSOLE

Uma aplicação console é um tipo de aplicação que interage com o usuário através de um terminal de linha de comando, também conhecido como console. Neste ambiente, o usuário interage com o programa por meio de comandos de texto, e o programa responde da mesma forma, exibindo mensagens de texto.

Ao contrário das aplicações com interface gráfica, onde o usuário interage através de botões, janelas e outros controles visuais, as aplicações console são geralmente mais simples e diretas. São amplamente utilizadas para automação de tarefas, processamento em lote, scripts, entre outros.

As aplicações console têm a sua origem nos primórdios da computação, quando as interfaces gráficas ainda não existiam. Embora possam parecer arcaicas para alguns, essas aplicações continuam sendo extremamente úteis e eficientes para certos propósitos.

Vantagens e Diferenças

Uma das principais vantagens das aplicações console é a sua leveza e velocidade. Por não necessitarem de uma camada gráfica complexa, consomem menos recursos do sistema e podem ser mais rápidas na execução de certas tarefas.

Comparando com outros modelos de aplicação, como as aplicações com interface gráfica, as aplicações console podem ser mais eficientes em termos de performance, especialmente em situações onde a interface gráfica não é necessária.

Usos comuns

Aplicações console são comumente usadas em servidores, automação de tarefas, ferramentas de desenvolvimento, testes e muito mais. São especialmente úteis quando é necessário realizar uma tarefa específica sem a sobrecarga de uma interface gráfica completa.

Neste capítulo, exploraremos mais detalhes sobre aplicações console, incluindo como desenvolver uma aplicação completa para leitura de arquivos de texto, compilar e distribuir uma aplicação console, e entender os elementos necessários para que a aplicação funcione corretamente.

6.2 - Aplicações Console e outros modelos

Ao desenvolver um software, uma das decisões mais cruciais é escolher o tipo de aplicação que melhor atende às necessidades do projeto. As *aplicações console, aplicações de janela (Windows Forms ou WPF)*, e *aplicações web* são os modelos mais comuns. A seguir, exploraremos as diferenças e semelhanças entre esses modelos, com foco nas aplicações console.

Aplicações Console

- **Interface**: Baseada em texto, sem elementos gráficos.
- **Interação**: Comandos e respostas são escritos e lidos através da linha de comando.
- **Performance**: Geralmente mais rápida e leve, pois não há sobrecarga de uma interface gráfica.
- **Desenvolvimento**: Mais simples e direto, ideal para tarefas de automação, testes, scripts, etc.
- **Distribuição**: Facilidade de distribuição e execução em diferentes ambientes.

Aplicações de Janela (Windows Forms ou WPF)

- **Interface**: Interface gráfica rica, com janelas, botões, e outros controles visuais.
- **Interação**: O usuário interage principalmente através de ações com o mouse e teclado em elementos visuais.
- **Performance**: Pode ser mais pesada, devido à camada gráfica.
- **Desenvolvimento**: Mais complexo, exigindo conhecimento em design de interface.
- **Distribuição**: Pode requerer dependências gráficas, tornando a distribuição um pouco mais complexa.

Aplicações Web

- **Interface**: Interface gráfica acessível através de um navegador web.
- **Interação**: Similar às aplicações de janela, mas acessada remotamente.
- **Performance**: Dependente da conexão com a internet e recursos do servidor.
- **Desenvolvimento**: Requer conhecimentos em tecnologias web, como HTML, CSS, JavaScript, etc.
- **Distribuição**: Hospedada em um servidor, acessível através da web.

A escolha entre uma aplicação console, de janela ou web depende dos requisitos do projeto e das preferências do desenvolvedor. Enquanto aplicações console oferecem uma abordagem rápida e eficiente, sem a necessidade de uma interface gráfica, aplicações de janela e web fornecem uma experiência de usuário mais rica e interativa.

Ao entender essas diferenças, podemos fazer escolhas mais informadas sobre o tipo de aplicação que melhor se adequa às nossas necessidades, seja para um projeto simples de automação ou para uma aplicação empresarial robusta.

6.3 - Uma Aplicação Console completa e funcional

Agora que você já tem uma visão mais abrangente do que é uma Aplicação Console, que tal ver uma aplicação real onde o uso deste modelo é bastante adequado? Imagine que você trabalha frequentemente com arquivos de textos e precisa saber previamente a quantidade de linhas que o arquivo contém e a codificação de texto usada no mesmo.

Neste cenário não seria bom ter uma aplicação leve e rápida que, dado o caminho de um determinado arquivo texto, fosse capaz de acessá-lo e exibir algumas informações sobre o mesmo, como *tamanho* (em bytes), *número de linhas* e *codificação*?

Se a sua resposta foi "sim", ótimo! A partir de agora nós vamos criar uma Aplicação Console para fazer justamente isso. Nosso código será um programa simples em C# que solicita ao usuário o caminho de um arquivo e exibe informações sobre o mesmo, sem a necessidade de ler o arquivo inteiro.

O parágrafo anterior já indica a nossa preocupação com a *robustez*, *eficiência* e *legibilidade*. Mas tais características só estarão presentes no nosso código, em função do mesmo contemplar algumas implementações que você verá em detalhes no final deste tópico.

Agora, mãos à obra!

1 - Execute o Visual Studio e clique na opção "**Criar um projeto**".

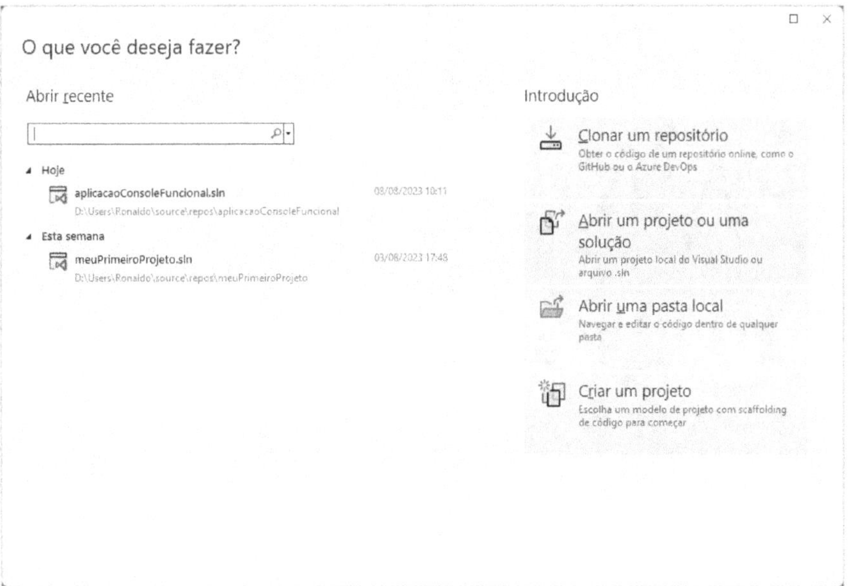

2 - Selecione *Aplicativo do Console (.Net Framework)* na lista de modelos de projeto e clique em **Próximo**.

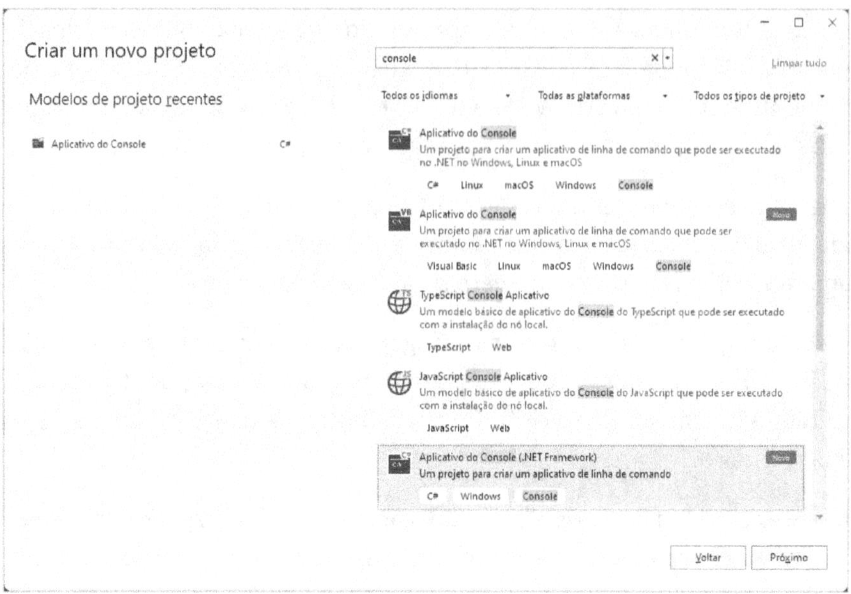

3 – Dê um nome ao seu projeto. No nosso exemplo, será "**aplicacaoConsoleFuncional** ". Você também pode escolher onde seu projeto será salvo no seu computador, selecionando a localização no campo Local.

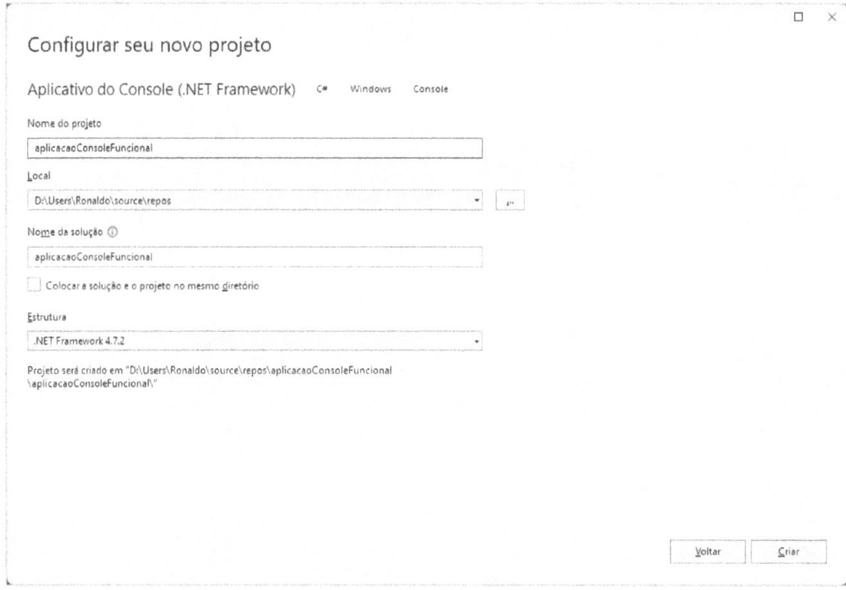

4 - Quando estiver pronto, clique em **Criar**.

Com a aplicação criada, caso o arquivo não esteja aberto, abra o arquivo *Program.cs* clicando duas vezes nele no *Gerenciador de Soluções*. Você verá um trecho de código já existente., onde você deve localizar a linha contendo *static void Main(string[] args)*.

```csharp
namespace meuPrimeiroProjeto
{
    internal class Program
    {
        static void Main(string[] args)
        {
        }
    }
}
```

Insira as linhas abaixo, deixando a *static void Main(string[] args)* assim:

```csharp
        static void Main(string[] args)
        {
            Console.Write("Digite o caminho do arquivo: ");
            string filePath = Console.ReadLine();

            if (!File.Exists(filePath))
            {
                Console.WriteLine("O caminho fornecido não corresponde a um arquivo existente!");
                return;
            }

            try
            {
                // Obter informações do arquivo
                FileInfo fileInfo = new FileInfo(filePath);
                long fileSize = fileInfo.Length; // Tamanho do arquivo em bytes

                // Obter codificação do arquivo
                Encoding encoding = GetFileEncoding(filePath);

                // Contar linhas de maneira eficiente
                int lineCount = CountLines(filePath);

                // Exibir informações
                Console.WriteLine($"Tamanho do arquivo: {fileSize} bytes");
                Console.WriteLine($"Quantidade de linhas: {lineCount}");
                Console.WriteLine($"Codificação: {encoding.EncodingName}");
            }
            catch (Exception ex)
            {
                Console.WriteLine($"Ocorreu um erro ao acessar o arquivo: {ex.Message}");
            }

            Console.WriteLine("Pressione qualquer tecla para sair...");
            Console.ReadKey();
        }
```

Depois, insira o código abaixo logo após a chave "}" de fechamento do bloco *static void Main(string[] args)*:

```csharp
        static Encoding GetFileEncoding(string path)
        {
            // Detecta a codificação usando o StreamReader
            Encoding encoding;
            using (StreamReader reader = new StreamReader(path,
Encoding.Default, true))
            {
                reader.Peek(); // ler um caractere para detectar a
codificação
                encoding = reader.CurrentEncoding;
            }

            return encoding;
        }

        static int CountLines(string path)
        {
            // Contar linhas de maneira eficiente, sem carregar todo o
arquivo na memória
            int lineCount = 0;
            using (StreamReader reader = new StreamReader(path))
            {
                while (reader.ReadLine() != null)
                {
                    lineCount++;
                }
            }

            return lineCount;
        }
```

Execute o aplicativo, pressionando a tecla **F5** ou clicando em *Iniciar* no menu superior. A janela da Aplicação Console será aberta e você será solicitado a informar o caminho do arquivo texto do qual deseja obter informações.

Faça isso e, se tudo correr bem, você verá a tela abaixo com como *tamanho* (em bytes), *o número de linhas* e *a codificação* do arquivo informado.

Depois, é só pressionar qualquer tecla para encerrar a aplicação! Se algo der errado, por favor, revise o código.

Você está lembrado que no início deste tópico eu falei da minha preocupação com a *robustez, eficiência* e *legibilidade*? Pois bem, uma análise do nosso código indica que a nossa aplicação possui as seguintes características:

1. **Validação de Entrada**: O código verifica se o arquivo existe antes de tentar acessá-lo, usando *File.Exists(filePath)*. Isso melhora a robustez do programa.
2. **Leitura eficiente das linhas**: Em vez de ler todas as linhas de uma vez, o código conta as linhas de maneira eficiente, lendo o arquivo linha por linha. Isso é feito através da função *CountLines*, que usa um *StreamReader* para ler o arquivo sem carregar todo o conteúdo na memória.
3. **Informações do arquivo**: A obtenção do tamanho do arquivo em bytes é feita através da classe *FileInfo*.
4. **Detecção de codificação**: A função *GetFileEncoding* é usada para detectar a codificação do arquivo usando *StreamReader*.
5. **Tratamento de erros**: O código inclui tratamento de erros para exceções genéricas e também verifica se o arquivo existe antes de tentar acessá-lo.
6. **Saída formatada**: A saída é formatada usando interpolação de *string*, tornando o código mais legível.

Assim, a validação de entrada e o tratamento de erros tornam o programa mais **robusto**, a contagem eficiente de linhas melhora a **eficiência**, especialmente para arquivos grandes, e a interpolação de *string* e a organização do código tornam o programa mais fácil de entender, ou sejam, melhoram a **legibilidade** do mesmo.

De qualquer forma, a aplicação ainda tem alguns pontos que podem, e devem, ser melhorados. Então que tal você tentar melhorar a aplicação? Seria uma boa forma de você se familiarizar mais com o código e o Visual Studio.

Além disso, você deve ter percebido que o programa "**aplicacaoConsoleFuncional** " é uma aplicação completa que pode ser facilmente adaptado às suas necessidades pessoais ou do seu negócio. Portanto, fique à vontade para fazer as suas adaptações.

CAPÍTULO 7

APLICAÇÕES WEB COM ASP .NET

O **ASP .NET** é uma parte do .NET Framework, criado pela Microsoft, que nos permite construir aplicações web dinâmicas e interativas. Seja um site simples ou uma solução empresarial robusta, o ASP .NET oferece todas as ferramentas necessárias para criar experiências web ricas.

O Que é ASP .NET?

ASP .NET é uma plataforma de desenvolvimento web baseada em servidor que utiliza tecnologias web padrão como *HTML*, *CSS*, *JavaScript*, e, claro, o próprio *C#*. Como desenvolvedor, você pode criar páginas web que são processadas no servidor e entregam o conteúdo dinâmico para o cliente, de forma semelhante a outras tecnologias web como *PHP* ou *Java EE*.

Por Que Usar ASP .NET?

Aqui estão algumas das razões pelas quais o ASP .NET é tão popular e eficaz:

- **Flexibilidade**: O ASP .NET permite escolher entre diversas arquiteturas, como *MVC (Model-View-Controller)* ou *Web Forms*, dependendo das necessidades do seu projeto.
- **Performance**: É otimizado para ter uma excelente performance, mesmo em aplicações grandes e complexas.
- **Integração com o .NET**: Utiliza o mesmo ambiente de desenvolvimento e linguagens de programação do .NET Framework, como C#, permitindo uma integração mais fácil com outras partes da plataforma .NET.
- **Comunidade e Suporte**: Como um produto da Microsoft, possui uma vasta comunidade de desenvolvedores e uma ampla gama de recursos e suporte disponíveis online.

Versões de ASP .NET

Desde seu lançamento, o ASP .NET passou por várias versões e atualizações. Algumas das versões notáveis incluem o *ASP .NET Web Forms*, que foca em um modelo de programação baseado em eventos, e o *ASP .NET MVC*, que utiliza o padrão *Model-View-Controller*.

Em 2016, a Microsoft lançou o ***ASP .NET Core***, uma reescrita completa da plataforma com foco na modularidade e desempenho. Embora o nosso foco neste livro seja o ASP .NET no .NET Framework 4.7.2, é importante estar ciente dessa versão mais moderna, especialmente se você planeja trabalhar com o .NET Core no futuro.

ASP .NET Web Forms

ASP .NET Web Forms é uma das abordagens mais antigas e tradicionais de construção de aplicações web no ASP .NET. Foi lançado como parte do .NET Framework 1.0, oferecendo uma maneira fácil e rápida de criar páginas web.

Características do ASP .NET Web Forms:

Modelo baseado em Eventos

O Web Forms segue um modelo orientado a eventos semelhante ao das aplicações desktop Windows Forms, tornando mais fácil para os desenvolvedores que trabalham com Windows Forms fazer a transição para o desenvolvimento web.

Controles de Servidor

Permite o uso de controles de servidor, que são componentes especiais que encapsulam a lógica comum, como caixas de texto, botões e grids.

ViewState

Utiliza o conceito de *ViewState* para manter o estado da página entre as solicitações do cliente, o que facilita a manipulação do estado da página.

Menos controle sobre HTML

Embora forneça uma abordagem mais rápida para desenvolvimento, o Web Forms pode gerar HTML menos otimizado e oferecer menos controle direto sobre a saída HTML.

ASP .NET MVC

O ASP .NET MVC foi introduzido como uma alternativa ao Web Forms, trazendo o padrão de design *Model-View-Controller (MVC)* para o ASP .NET.

Características do ASP .NET MVC:

Separação de Preocupações

MVC promove uma separação clara entre a lógica de negócios (*Model*), a apresentação (*View*) e a lógica de controle (*Controller*), facilitando a manutenção e a testabilidade.

Controle sobre HTML

Ao contrário do Web Forms, o MVC oferece controle total sobre a marcação HTML, permitindo a criação de páginas mais limpas e otimizadas.

Sem ViewState

O MVC não utiliza *ViewState*, tornando as páginas mais leves e rápidas.

Roteamento Flexível

Permite uma personalização mais profunda das URLs, facilitando a criação de URLs amigáveis ao SEO.

Tanto o ASP .NET Web Forms quanto o ASP .NET MVC têm seus pontos fortes e fracos, e a escolha entre eles dependerá das necessidades e preferências do projeto. Web Forms pode ser uma opção atrativa para projetos mais rápidos e simples, enquanto o MVC oferece mais controle e é geralmente preferido para projetos maiores e mais complexos.

Com essa melhor compreensão do *ASP .NET Web Forms* e do *ASP .NET MVC*, estamos bem posicionados para mergulhar na estrutura de uma aplicação ASP .NET no próximo tópico.

O ASP .NET é uma poderosa ferramenta para desenvolver aplicações web modernas e dinâmicas. Com uma combinação de desempenho, flexibilidade e integração com o ecossistema .NET, é uma escolha atrativa para muitos desenvolvedores. No próximo tópico, exploraremos a estrutura de uma aplicação ASP .NET e como ela facilita a criação de aplicações web robustas.

Uma aplicação ASP .NET é construída seguindo uma estrutura organizada que permite uma abordagem sistemática para o desenvolvimento web. Abaixo, vou detalhar os principais componentes desta estrutura.

Solution e Project Files

- **Solution**: É o recipiente de mais alto nível que pode conter um ou mais projetos. Facilita o gerenciamento e desenvolvimento de grandes aplicações com múltiplos projetos.
- **Project Files**: São os arquivos que contêm o código-fonte, configurações, recursos e todos os elementos necessários para a aplicação.

Pastas Principais

- **App_Data**: Usada para armazenar dados como bancos de dados SQL, arquivos XML e outros.
- **App_Start**: Contém classes que são chamadas no início da aplicação, geralmente para configuração.
- **Controllers**: Na abordagem MVC, esta pasta armazena os controladores, que tratam as interações do usuário.
- **Views**: Também parte do MVC, contém as páginas web que são renderizadas ao usuário.
- **Models**: Armazena as classes de negócios e de dados, representando a parte "*Model*" no padrão MVC.
- **Scripts e Content**: Contém arquivos *JavaScript*, *CSS* e recursos visuais.

Web.config

O arquivo **Web.config** é um arquivo de configuração central que contém definições como strings de conexão, autenticação, autorização e personalizações.

Global.asax

O arquivo **Global.asax** permite definir eventos globais, como o início e o término da aplicação, o início e o término da sessão do usuário, e mais.

Roteamento

O roteamento em ASP .NET permite definir padrões URL amigáveis e rotear solicitações para os controladores adequados.

A estrutura de uma aplicação ASP .NET é bem organizada e oferece uma abordagem sistemática para desenvolver aplicações web robustas e escaláveis. Compreender essa estrutura é fundamental para um desenvolvimento eficiente e para manter o código limpo e bem organizado.

Próximo, vamos explorar como trabalhar com o padrão *Model-View-Controller* em ASP .NET, aprofundando nosso conhecimento sobre como construir aplicações modernas e eficientes.

7.3 - Uma aplicação de exemplo

Nada melhor que a prática, não é mesmo? Assim, vamos criar uma aplicação simples ASP.NET MVC que lista os produtos disponíveis no estoque de um estabelecimento comercial. Vamos supor que você está usando o *ASP.NET MVC no .NET Framework 4.7.2*, e você já tem o Visual Studio configurado.

Vamos lá!

Execute o Visual Studio e clique na opção "**Criar um projeto**".

2 - Selecione *"Aplicativo Web ASP.NET (.NET Framework)"* na lista e clique em **Próximo**.

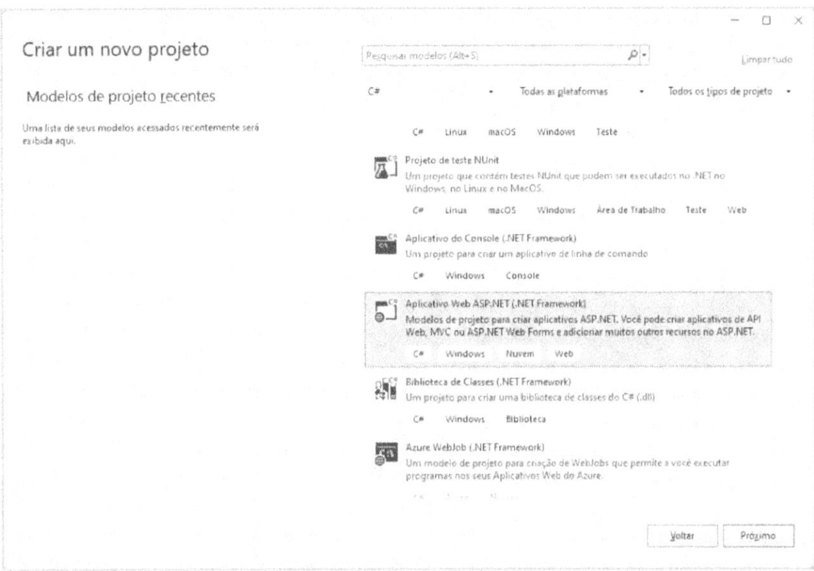

3 – Dê um nome ao seu projeto. O do nosso exemplo, será *"ListaDeProdutos "*.

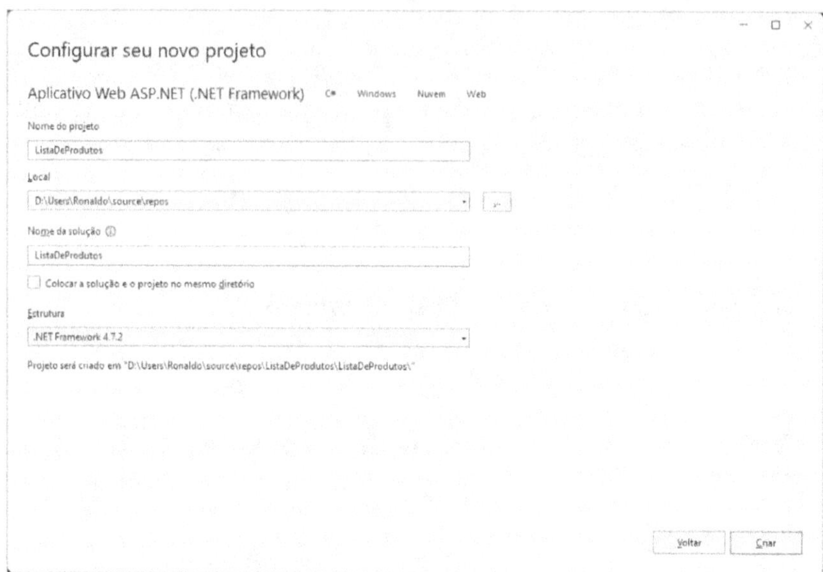

4 - Clique em **Criar** e, na tela que surgirá, selecione um modelo *"Vazio"* e com referência "MVC", exatamente como na tela abaixo:

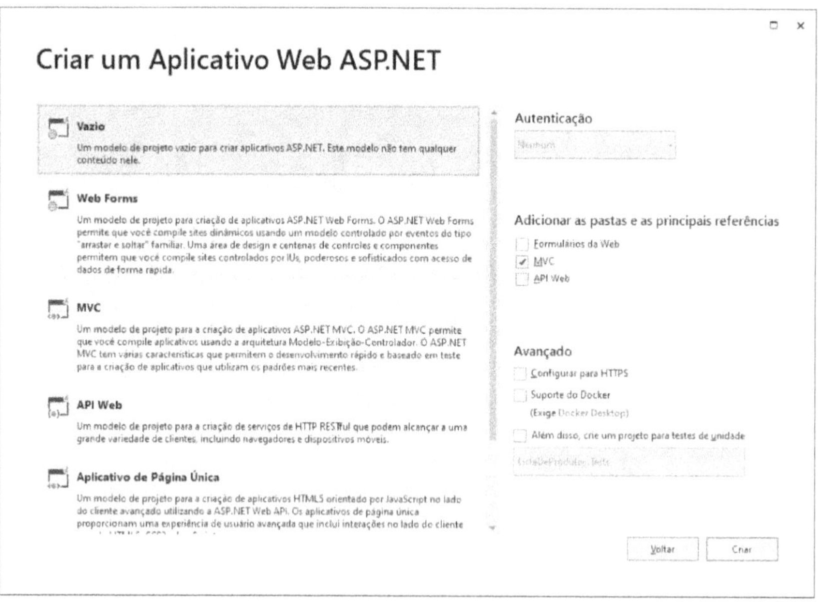

5 - Quando estiver pronto, clique em **Criar**.

Com o a aplicação criada podemos partir para a implementação do código necessário para dar à mesma as funcionalidades desejadas. Feche a tela com a "Visão geral" da aplicação e abra o *"Gerenciador de Soluções"*, à direita da tela do Visual Studio.

Crie o Modelo

Vamos começar criando a classe *Produto* em uma pasta chamada *"Models"*. Para isso, clique com o botão direito do mouse na pasta *"Models"*, vá para *"Adicionar" > "Classe"*

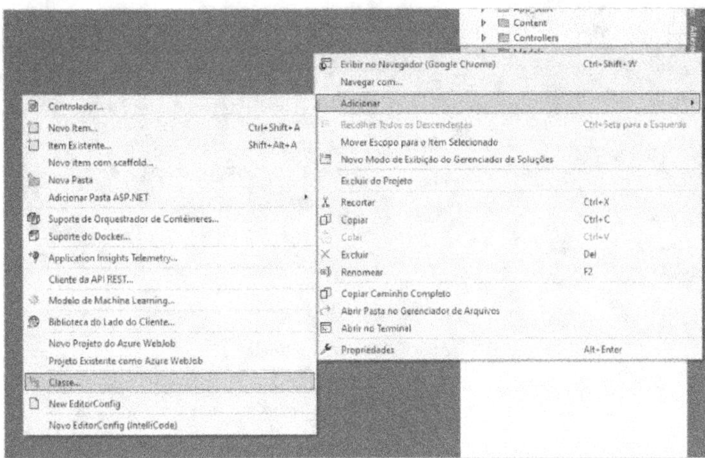

e nomeie-a *"Produto.cs"*.

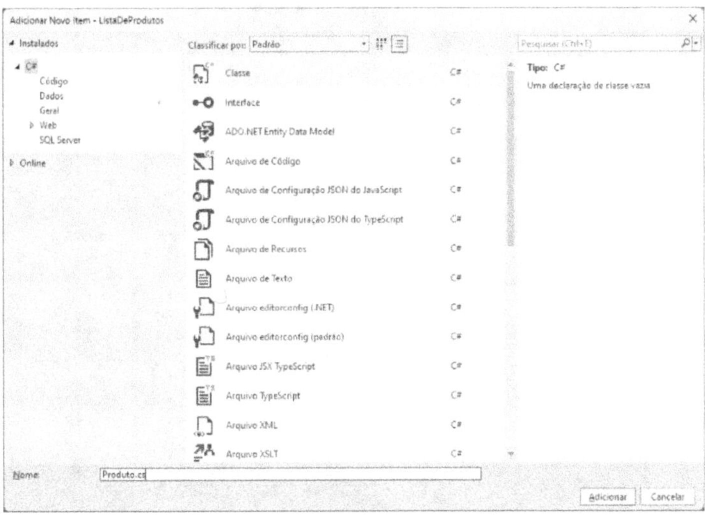

Agora substitua o código original adicionando o código abaixo:

```csharp
namespace ListaDeProdutos.Models
{
    public class Produto
    {
        public int Id { get; set; }
        public string Nome { get; set; }
        public decimal Preco { get; set; }
    }
}
```

Crie o Controlador

Clique com o botão direito do mouse na pasta *"Controllers"*, vá para *"Adicionar"* > *"Controlador"*.

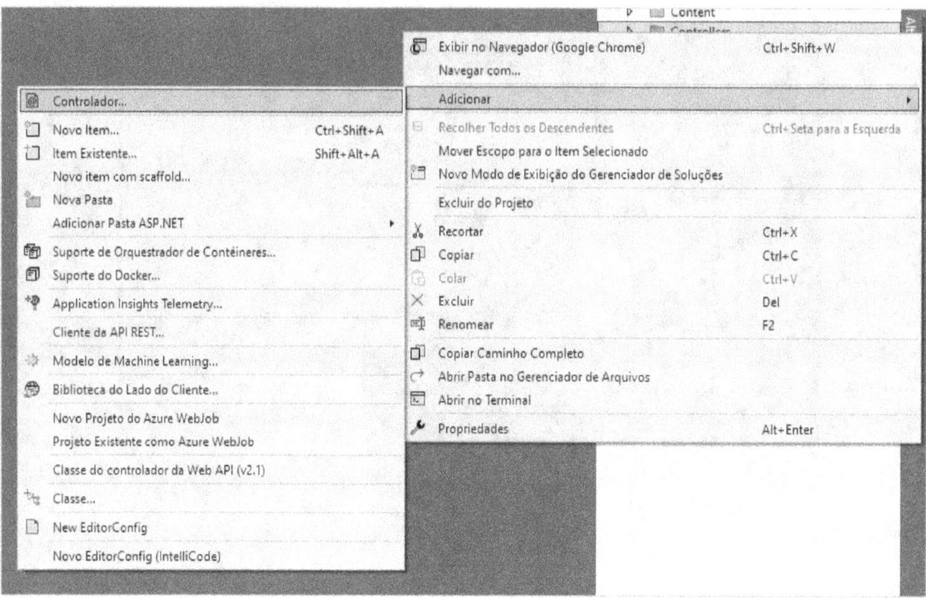

Selecione *"Controlador MVC 5 - Vazio"* e clique em **Adicionar**.

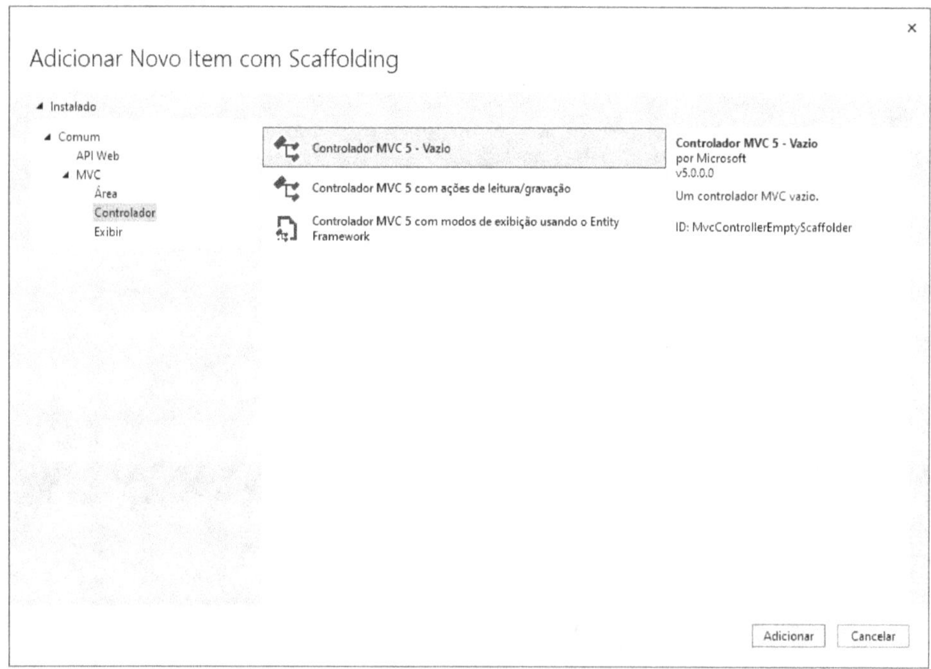

Nomeie o controlador como *"ProdutosController"* e clique em **Adicionar**.

Adicione o seguinte código ao controlador criado:

```csharp
using ListaDeProdutos.Models;
using System.Collections.Generic;
using System.Web.Mvc;

namespace ListaDeProdutos.Controllers
{
    public class ProdutosController : Controller
    {
        public ActionResult Index()
        {
            var produtos = new List<Produto>
            {
                new Produto {Id = 1, Nome = "Bolsa de couro", Preco = 119.90m},
                new Produto {Id = 2, Nome = "Calça Jeans", Preco = 39.90m},
                new Produto {Id = 3, Nome = "Jaqueta de couro", Preco = 149.90m},
                new Produto {Id = 4, Nome = "Bermuda social", Preco = 79.90m}
            };

            return View(produtos);
        }
    }
}
```

Crie a Visualização (View)

Clique com o botão direito na ação *"Index"* no controlador de produtos e selecione *"Adicionar Visualização..."*, mantendo as configurações apresentadas e clicando em **Adicionar**.

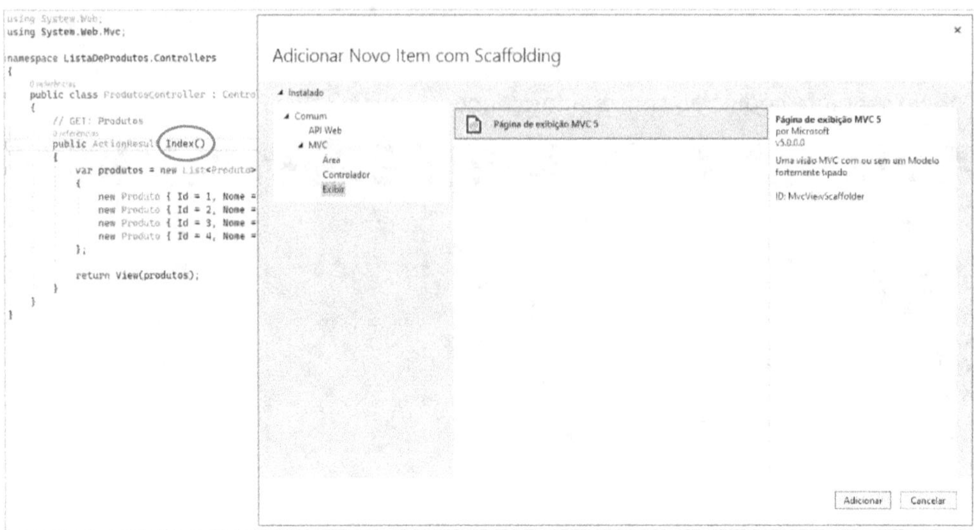

Na próxima tela, mantenha as configurações padrão e clique em **Adicionar**.

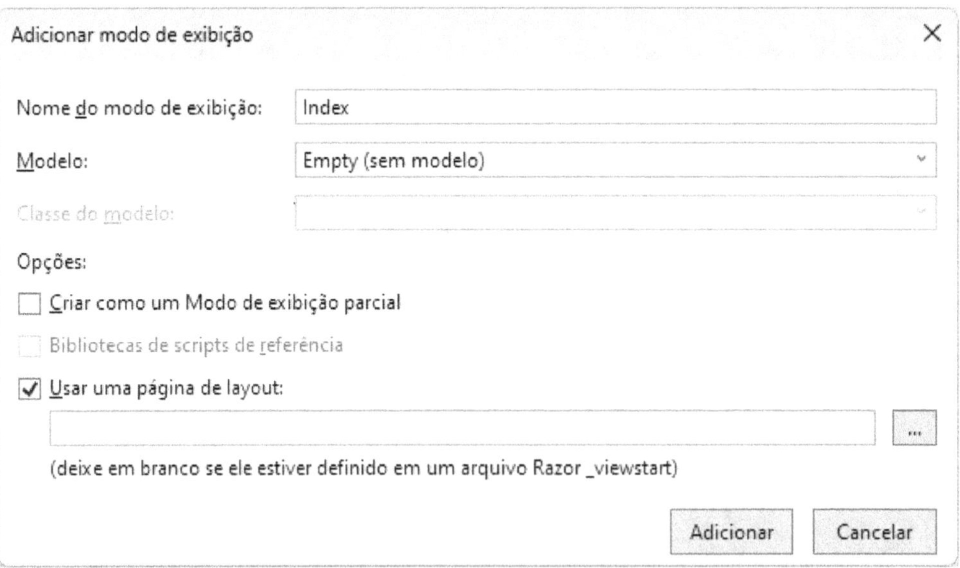

Substitua o conteúdo do arquivo *"Index.cshtml"* criado pelo seguinte código:

```html
@model IEnumerable<ListaDeProdutos.Models.Produto>

<h2>Lista de Produtos</h2>

<table class="table">
    <tr>
        <th>ID</th>
        <th>Nome</th>
        <th>Preço</th>
    </tr>

    @foreach (var produto in Model)
    {
        <tr>
            <td>@produto.Id</td>
            <td>@produto.Nome</td>
            <td>@produto.Preco</td>
        </tr>
    }
</table>
```

Faça um pequeno ajuste antes de executar a aplicação, a fim de garantir que a mesma sempre será iniciada na URL correta:

- No *Gerenciador de Soluções*, clique com o botão direito do mouse no projeto "ListaDeProdutos" (logo abaixo da solução de mesmo nome) e selecione *"Propriedades"*.
- Selecione Web e garanta que "Produtos/" é a *"Página Específica"* em *"Iniciar Ação"*, conforme exibido na próxima tela.

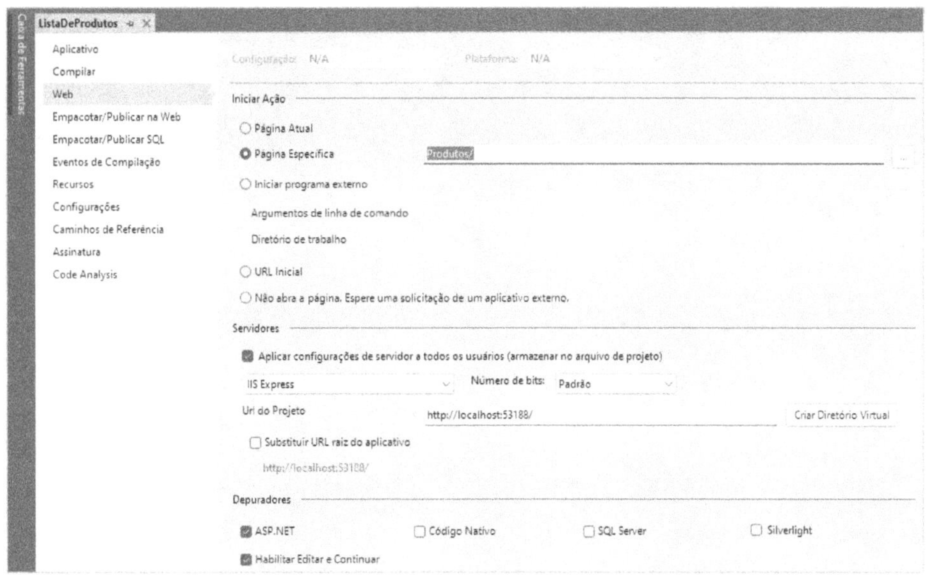

Observe que a URL do projeto apresenta um número de porta para o *"localhost"* que pode ser diferente da exibida na sua máquina. Não se preocupe com isso! Apenas tenha este número em mente.

Execute a Aplicação

Pressione F5 para executar a aplicação e navegue até "/Produtos", se necessário, para ver a sua lista de produtos exibida no navegador.

E aí está! Você criou uma aplicação ASP.NET MVC simples que lista produtos.

Se desejar, você pode expandir este exemplo adicionando uma base de dados, autenticação e outras características.

Trabalhar com bancos de dados é uma parte fundamental do desenvolvimento de aplicações web. Isso permite que as aplicações armazenem e recuperem informações em uma base de dados persistente, como informações do usuário, produtos, configurações, etc.

Neste capítulo, exploraremos como integrar uma aplicação ASP.NET com um banco de dados SQL Server, usando o *Entity Framework*, uma biblioteca muito popular para trabalhar com bancos de dados no .NET. Mas não o faremos de forma muito aprofundada. A minha intenção com este capítulo é lhe proporcionar uma visão geral do que é o Entity Framework e como ele pode facilitar bastante a integração da sua aplicação com um banco de dados.

Entity Framework

O Entity Framework é uma ORM (Object-Relational Mapping) de código aberto desenvolvida pela Microsoft. Ele permite que os desenvolvedores trabalhem com bancos de dados usando objetos .NET e elimina a necessidade de escrever a maioria do código de acesso a dados que os desenvolvedores geralmente precisam escrever.

O Entity Framework atua como uma camada intermediária entre a aplicação e o banco de dados. Ele mapeia as tabelas do banco de dados para classes e as operações com objetos são traduzidas em comandos SQL. Por exemplo, uma classe *Produto* em sua aplicação pode ser mapeada para a tabela *Produtos* no banco de dados.

Querying

O Entity Framework permite que você escreva consultas usando LINQ (Language Integrated Query), uma linguagem de consulta integrada à linguagem C#. Isso torna a escrita de consultas uma experiência mais natural e fortemente tipada.

Veja o exemplo a seguir:

```csharp
var produtos = from p in context.Produtos
               where p.Preco < 100
               select p;
```

Migrações

Migrações permitem que você gerencie mudanças em seu modelo de dados e propague essas alterações para o banco de dados. Você pode adicionar, modificar e excluir tabelas, colunas, etc., usando um conjunto de comandos simples.

Convenções e Configurações

O Entity Framework usa convenções para inferir o mapeamento entre as classes e as tabelas do banco de dados. Você também pode personalizar esses mapeamentos usando configurações explícitas.

Versões

Existem várias versões do Entity Framework, incluindo o *Entity Framework 6* e o *Entity Framework Core*. O último é a versão mais recente e é mais modular e extensível.

Assim, o Entity Framework é uma ferramenta poderosa que simplifica significativamente o desenvolvimento de aplicações centradas em dados. Ele abstrai as complexidades do acesso ao banco de dados e permite que os desenvolvedores se concentrem na lógica de negócios. A compreensão completa do Entity Framework é fundamental para qualquer desenvolvedor ASP.NET que trabalhe com bancos de dados.

Configurando a Conexão com o Banco de Dados

O conceito de *"string de conexão"* já foi apresentado no *"Capítulo III - Aplicações com banco de dados"*. Portanto, vamos em frente mas, se necessário, volte lá e faça uma nova leitura do capítulo.

O primeiro passo na integração com o banco de dados é estabelecer uma conexão. Isso geralmente envolve a definição de uma *string de conexão* que contém informações como o nome do servidor, nome do banco de dados, credenciais de *usuário*, etc.

```csharp
string connectionString = "Server=myServerAddress;Database=myDataBase;User Id=myUsername;Password=myPassword;";
```

Criando o Modelo

Você precisará criar classes que representem as tabelas no banco de dados como, por exemplo, os produtos da aplicação de exemplo do tópico anterior.

```csharp
public class Produto
{
    public int ProdutoID { get; set; }
    public string Nome { get; set; }
    public decimal Preco { get; set; }
    // outros campos
}
```

Configurando o Contexto

O contexto é o principal ponto de interação com o banco de dados.

```csharp
public class AppDbContext : DbContext
{
    public AppDbContext(DbContextOptions<AppDbContext> options) :
base(options)
    {
    }

    public DbSet<Produto> Produtos { get; set; }
}
```

Executando Consultas

Você pode executar consultas usando LINQ, que permite escrever consultas usando sintaxe C#.

```csharp
var produtos = dbContext.Produtos.Where(p => p.Preco > 100).ToList();
```

Considerações de Segurança

Ao trabalhar com bancos de dados, a segurança é fundamental. É necessário garantir que as credenciais do banco de dados estejam protegidas, utilizando, por exemplo, consultas parametrizadas para evitar injeção de SQL.

As consultas parametrizadas são uma técnica onde os parâmetros são usados para inserir os valores nas consultas SQL, em vez de incorporar os valores diretamente na consulta. Isso ajuda a prevenir ataques de injeção SQL, garantindo que os valores sejam tratados de maneira segura.

No Entity Framework, você pode utilizar consultas parametrizadas de forma muito natural, graças ao uso de LINQ. Aqui está um exemplo que demonstra como você pode fazer isso:

```csharp
// Suponha que temos um parâmetro de entrada
int precoMaximo = 100;

// Utilizando LINQ com parâmetro
var produtos = from p in context.Produtos
               where p.Preco < precoMaximo // Usando a variável como
parâmetro
               select p;

// O Entity Framework irá traduzir isso em uma consulta parametrizada
```

Se você precisar executar uma consulta SQL bruta diretamente, você ainda pode usar parâmetros com o Entity Framework, assim:

```csharp
string query = "SELECT * FROM Produtos WHERE Preco < @precoMaximo";
var produtos = context.Produtos.FromSqlRaw(query, new
SqlParameter("@precoMaximo", precoMaximo)).ToList();
```

Consultas parametrizadas são uma prática de codificação essencial quando se trata de interagir com o banco de dados. No Entity Framework, essa prática é facilitada através do uso de LINQ ou métodos específicos para consultas SQL brutas. Adotar essa abordagem garante que as informações do banco de dados sejam tratadas com segurança e protege sua aplicação contra ataques de injeção SQL.

Ainda no capítulo 3 você aprendeu a importância de integrar aplicações com banco de dados. E mais: percebeu que tal integração é algo corriqueiro para que trabalha com desenvolvimento de software. Com o Entity Framework você conheceu uma forma de trabalhar com objetos e eliminar a necessidade de escrever grande parte do código necessário para acessar os dados. Ao utilizar esta tecnologia, você pode criar aplicações robustas e seguras que interagem com bancos de dados de forma eficiente.

DESENVOLVENDO WEB SERVICES

A **Arquitetura Orientada a Serviços**, ou **SOA**, é um modelo de arquitetura de software que permite a integração de sistemas e aplicações de maneira eficiente, flexível e torna os componentes reutilizáveis usando interfaces de serviços com uma linguagem de comunicação comum em uma rede.

SOA se baseia em alguns princípios fundamentais, tais como:

1. **Descoberta de Serviços**: Os serviços devem ser facilmente localizáveis e acessíveis.
2. **Independência de Plataforma**: Os serviços podem ser consumidos independentemente da tecnologia em que foram desenvolvidos.
3. **Contratos bem Definidos**: Os serviços comunicam-se por meio de contratos claramente definidos, especificando o formato das mensagens e expectativas de comportamento.
4. **Reusabilidade**: A capacidade de reutilizar serviços para diferentes propósitos em diversos contextos.
5. **Estado sem Conexão**: Cada chamada de serviço é independente, e o serviço não mantém o estado entre as chamadas.

Serviços em SOA

Em SOA, um serviço é uma unidade funcional que realiza tarefas específicas. Ele é exposto através de uma interface bem definida que outros sistemas e aplicações podem consumir.

Tipos de Serviços

- **Serviços de Negócio**: Realizam funções de negócio específicas.
- **Serviços de Aplicação**: Facilitam o acesso a aplicações específicas.
- **Serviços de Infraestrutura**: Oferecem funcionalidades de suporte, como log, segurança, etc.

Vantagens e Desvantagens

A implementação de SOA pode trazer várias vantagens como flexibilidade, reusabilidade, e facilidade de manutenção, mas também tem suas complexidades e desafios, como a gestão dos serviços e garantia de segurança.

SOA é um paradigma vital na integração de sistemas complexos, facilitando a comunicação e colaboração entre sistemas heterogêneos. A compreensão da Arquitetura Orientada a Serviços é fundamental para qualquer desenvolvedor que busca trabalhar em ambientes corporativos grandes e multifacetados, onde a interoperabilidade e a flexibilidade são cruciais.

Web Services são componentes-chave na tecnologia moderna, possibilitando que diferentes aplicações se comuniquem entre si pela Internet, independentemente das linguagens de programação, sistemas operacionais ou plataformas de hardware utilizadas. Vejamos alguns conceitos fundamentais que definem o que são Web Services.

O Que São Web Services?

Um Web Service é um serviço disponibilizado por uma aplicação para outras aplicações via rede. Ele utiliza um conjunto de protocolos e padrões que permitem a troca de informações, permitindo que sistemas distintos interajam e compartilhem funções e dados.

Componentes Principais

1. **SOAP (Simple Object Access Protocol)**:
   É um protocolo padrão que define as regras para estruturar as mensagens e é utilizado para a comunicação entre aplicações.
2. **WSDL (Web Services Description Language)**:
   É uma linguagem baseada em XML que descreve os serviços, as operações disponíveis e a forma de comunicação.
3. **UDDI (Universal Description, Discovery, and Integration)**:
   É um registro onde os Web Services podem ser descobertos e consumidos.
4. **REST (Representational State Transfer)**:
   É um estilo arquitetural que utiliza padrões de comunicação mais simples e flexíveis, como HTTP, e não exige o uso de SOAP.

Tipos de Web Services

- **SOAP Web Services**: Utilizam XML para codificar as mensagens e são altamente flexíveis.
- **RESTful Web Services**: Utilizam HTTP como protocolo e podem retornar dados em diferentes formatos como XML, JSON, etc.

Comunicação

A comunicação com um Web Service é realizada através de requisições e respostas, utilizando padrões e protocolos como HTTP, SOAP ou REST.

Vantagens dos Web Services

- **Interoperabilidade**: Permitem a comunicação entre aplicações diferentes.
- **Reusabilidade**: Uma vez desenvolvidos, podem ser utilizados por diversas aplicações.
- **Manutenção:** Facilitam atualizações e manutenção de sistemas integrados.

Desafios

- **Segurança**: Proteger a comunicação e os dados é vital.
- **Performance**: Podem ser afetados pela latência da rede e pelo tamanho das mensagens.

Os Web Services desempenham um papel fundamental na integração de sistemas, permitindo que diferentes aplicações e plataformas trabalhem em conjunto. A compreensão desses conceitos básicos é essencial para o desenvolvimento moderno, especialmente em contextos corporativos onde a integração e a colaboração entre sistemas são necessárias.

8.3 - Criando um Web Service (REST)

O .NET Core é um framework de código aberto e multiplataforma usado para desenvolver aplicações modernas e escaláveis. Com ele, você pode criar Web Services que seguem os padrões SOAP ou REST.

Neste tópico, vamos explorar como criar um Web Service RESTful usando ASP.NET Core.

Criando um Projeto

Comece criando um novo projeto usando o template *"API Web do ASP.NET Core "* no Visual Studio e clique em **Próximo**.

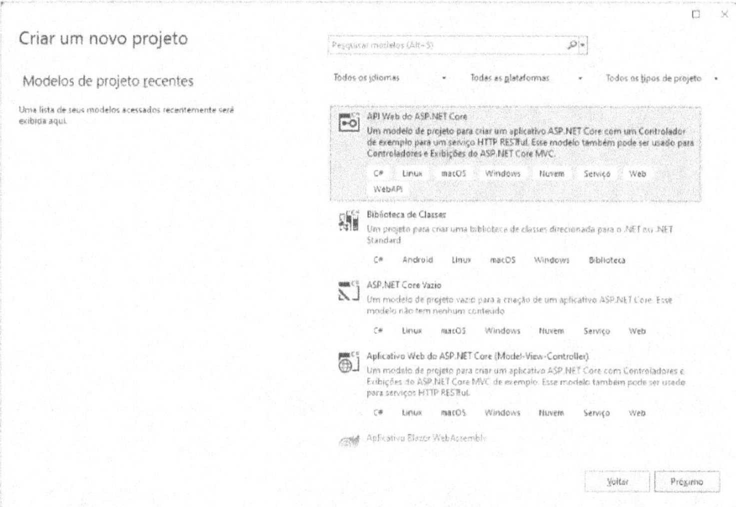

Dê o nome *"MeuWebService"* ao projeto e clique em **Próximo**.

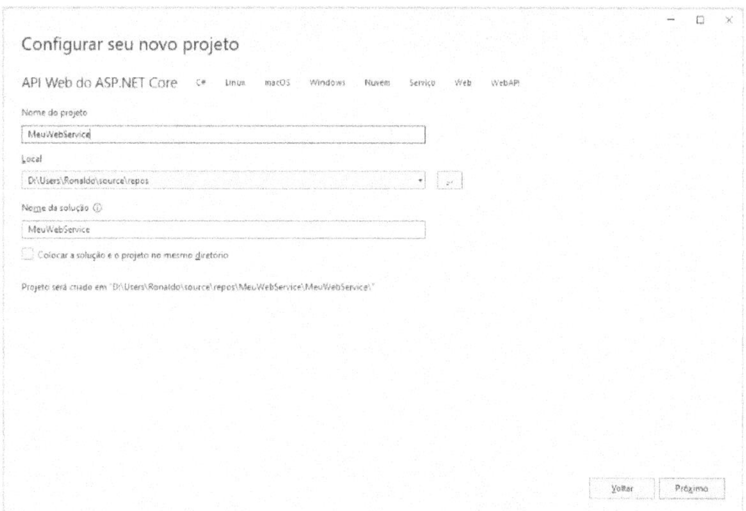

Na próxima tela, desmarque a opção *"Configurar para HTTPS"*, pois não usaremos este protocolo no servidor local. Você até pode deixar a opção selecionada, mas saiba que você terá que confiar no certificado digital emitido pela aplicação.

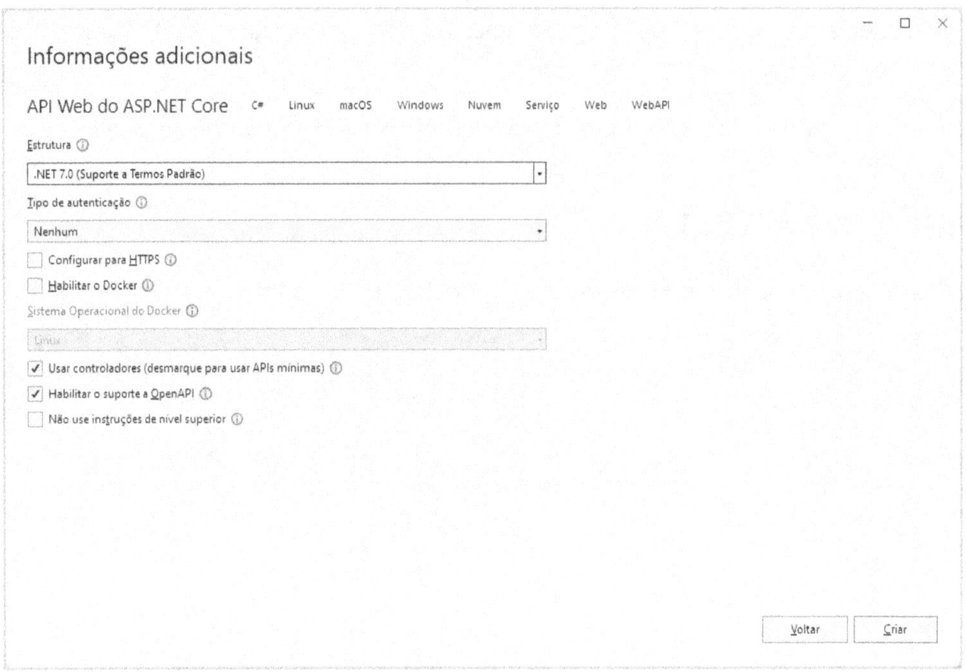

Quando estiver pronto, clique em **Criar**.

Talvez você não saiba, mas é possível criar o projeto, eliminando as etapas anteriores, usando o **Terminal** ou o **Prompt** *de comando* do Windows, utilizando o seguinte comando:

```bash
BASH
dotnet new webapi -n MeuWebService
```

Ao usar o comando acima você deve ficar atento ao caminho do diretório onde o projeto será criado, pois o mesmo provavelmente será diferente do repositório padrão do Visual Studio.

Com o projeto criado e aberto no Visual Studio, podemos continuar.

Adicionando o Controlador

Navegue até a pasta *"Controllers"* e crie uma nova classe controladora chamada *ProdutosController*. Esta classe será responsável por gerenciar as operações CRUD para produtos.

Depois de criar o controle, altere o código substituindo o mesmo pelo código abaixo:

```csharp
using Microsoft.AspNetCore.Mvc;
using MeuWebService.Models;

[ApiController]
[Route("[controller]")]
public class ProdutosController : ControllerBase
{
    private readonly List<Produto> _produtos;

    public ProdutosController()
    {
        _produtos = new List<Produto>
        {
            new Produto { Id = 1, Nome = "Produto 1", Preco = 100 },
            new Produto { Id = 2, Nome = "Produto 2", Preco = 200 }
        };
    }

    [HttpGet]
    public IEnumerable<Produto> GetProdutos()
    {
        return _produtos;
    }

    // Adicione aqui métodos para POST, PUT e DELETE
}
```

Criando o Modelo

Crie uma classe *Produto* dentro da pasta *"Models"* para representar a entidade produto. A pasta *Models* não existe? No *Gerenciador de Soluções*, clique com o botão direito do mouse no nome do projeto "MeuWebService" e clique em *"Adicionar > Nova Pasta"*, nomeando-a como *"Models"*.

O código da classe *Produto* é apresentado a seguir:

C#

```csharp
namespace MeuWebService.Models
{
    public class Produto
    {
        public int Id { get; set; }
        public string? Nome { get; set; }
        public double Preco { get; set; }
    }
}
```

Executando o Web Service

Após implementar os métodos desejados no controlador, você pode executar a aplicação. O Web Service estará disponível em ***http://localhost:5000/produtos***, e você pode testá-lo usando ferramentas como *Postman* ou simplesmente acessar a URL em um navegador. O número da porta do servidor local (5000) poderá ser diferente na sua máquina.

Neste tópico, mostramos como criar um Web Service RESTful básico usando ASP.NET Core. A simplicidade e a flexibilidade deste framework tornam possível desenvolver soluções robustas e escaláveis para várias plataformas, o que é essencial na arquitetura moderna de microserviços.

Não posso deixar de chamar a atenção para o fato de que, além do REST, o .NET Core também oferece suporte à criação de Web Services SOAP, o que pode ser útil em cenários de integração com sistemas legados ou quando é necessária a conformidade com padrões específicos.

Esta é apenas uma introdução, e há muitos aspectos avançados que podem ser explorados, como autenticação, validação, logging, entre outros. O .NET Core oferece uma variedade de recursos e pacotes NuGet para ajudar a atender essas necessidades.

8.4 - Consumindo um serviço web gratuito

Depois de conceituar e criar um web service, vamos implementar uma aplicação console para criar uma solução que nos permitirá consultar as informações de um CEP com o **ViaCEP**.

O ViaCEP (https://viacep.com.br) é um serviço web gratuito, amplamente utilizado no Brasil, que permite aos desenvolvedores consultar informações sobre CEPs (Códigos de Endereçamento Postal). O objetivo do serviço é fornecer dados como *logradouro, bairro, cidade* e *estado* a partir de um CEP fornecido, facilitando assim o preenchimento automático de formulários e outras funcionalidades relacionadas ao endereço em sistemas e aplicações.

O ViaCEP suporta diversos formatos de resposta, como *JSON, XML, Piped* e *Querty*. O serviço é acessado por meio de uma URL estruturada simples, onde o desenvolvedor apenas insere o CEP desejado e escolhe o formato de resposta. Não há custos associados ao uso básico do serviço, e não é necessário registro ou autenticação para as consultas padrão. O ViaCEP suporta requisições *Cross-Domain*, tornando-o ideal para uso em aplicações web front-end. Além da consulta padrão por CEP, o ViaCEP também oferece a funcionalidade de buscar CEPs por endereço. Mas, no nosso exemplo, usaremos a consulta padrão por CEP.

Para consultar um CEP em formato JSON, a URL seria estruturada da seguinte forma:

https://viacep.com.br/ws/24933310/json

Onde *"24933310"* deve ser substituído pelo CEP desejado. Ao realizar a requisição, o serviço retorna dados como logradouro, bairro, cidade, estado, entre outros.

O ViaCEP é uma ferramenta importante para muitos desenvolvedores e empresas no Brasil, oferecendo um método confiável, eficaz e gratuito de obter informações detalhadas sobre endereços a partir de um simples código postal.

Na implementação deste projeto nós faremos uso do **Refit**, uma biblioteca para .NET que torna mais fácil consumir APIs REST. Em vez de escrever manualmente todo o código para criar, enviar e processar solicitações HTTP e interpretar as respostas, com Refit você pode descrever uma API REST usando interfaces C# e atributos.

Vou detalhar um pouco mais algumas importantes características do Refit:

Declaração Simples: O Refit permite que você declare *endpoints* de uma API usando interfaces C#. Os métodos dessa interface representam os *endpoints* da API que você deseja consumir, e os atributos, como *[Get], [Post], [Put]*, etc., determinam o tipo de solicitação HTTP.

```csharp
public interface IMyApi
{
    [Get("/users/{id}")]
    Task<User> GetUser(int id);
}
```

Integração com Modelos: Você pode usar *classes* e *structs* para descrever os modelos de dados que a API retorna ou aceita. O Refit trabalhará com bibliotecas de serialização, como *Newtonsoft.Json* ou *System.Text.Json*, para converter automaticamente entre JSON e seus modelos de dados.

Nós usaremos a biblioteca *Newtonsoft.Json*, que foi por muito tempo a biblioteca padrão para serialização e deserialização JSON em C#.

Contudo, é importante que você saiba que a partir do *.NET Core 3.0*, o .NET oferece uma biblioteca nativa "System.Text.Json" que pode ser usada para a mesma finalidade. Se você estiver trabalhando com projetos mais recentes e desejar otimizar a performance, pode considerar essa mudança.

Geração Automática do Cliente: Uma vez que você tenha a interface, pode criar uma instância de um cliente para essa API usando *RestService.For<T>()*. Não há necessidade de implementar a interface manualmente.

```csharp
var api = RestService.For<IMyApi>("https://api.example.com");
```

Métodos Assíncronos: O Refit suporta métodos assíncronos, tornando mais fácil fazer chamadas de API sem bloquear a thread principal da aplicação.

Manipulação de Erros: O Refit também possui uma maneira de lidar com erros HTTP, tornando mais fácil processar diferentes tipos de resposta ou erros que uma API pode retornar.

Flexibilidade: Apesar de sua simplicidade, o Refit é bastante flexível. Ele suporta várias funcionalidades avançadas, como interceptadores, personalização da serialização e deserialização, entre outros.

O Refit se tornou uma das bibliotecas mais populares para a realização de chamadas HTTP em aplicativos .NET, devido à sua simplicidade e eficácia. Ele permite que os desenvolvedores se concentrem na lógica do aplicativo, em vez de se preocupar com os detalhes das chamadas HTTP.

Optei por usar o **Refit** no nosso projeto, a fim de que você perceba como o Visual Studio facilita a extensão de suas funcionalidades ao permitir a integração de ferramentas de terceiros, facilitando sobremaneira a execução de algumas tarefas que seriam mais trabalhosas sem as mesmas.

Terminada esta etapa introdutória, mãos à obra! Comece executando o Visual Studio e clicando na opção "**Criar um projeto**".

Selecione o modelo *"Aplicativo do Console"* e clique em **Próximo**.

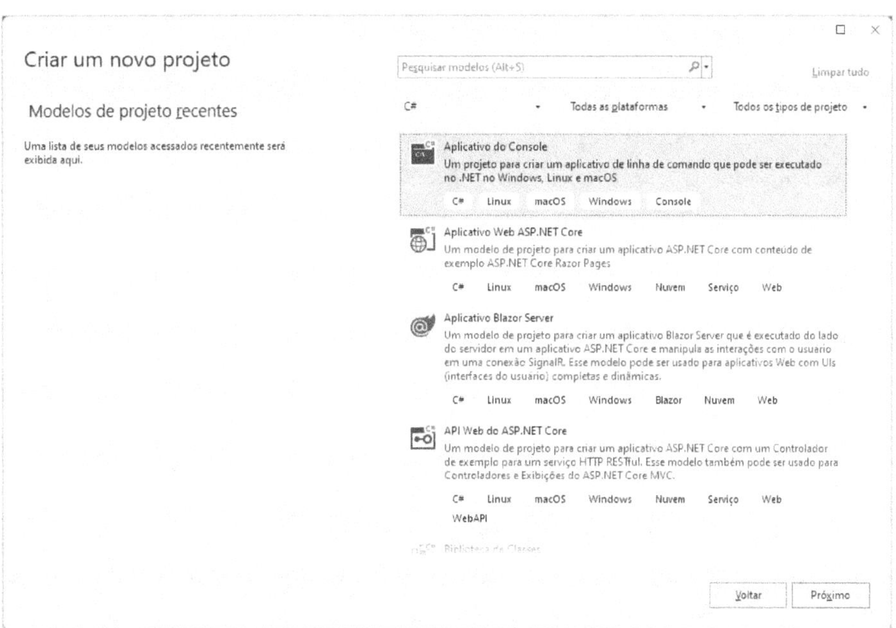

Dê o nome de *"consumindoViaCEP"* ao projeto, altere, se desejar, a pasta de localização do projeto e clique em **Próximo** para continuar.

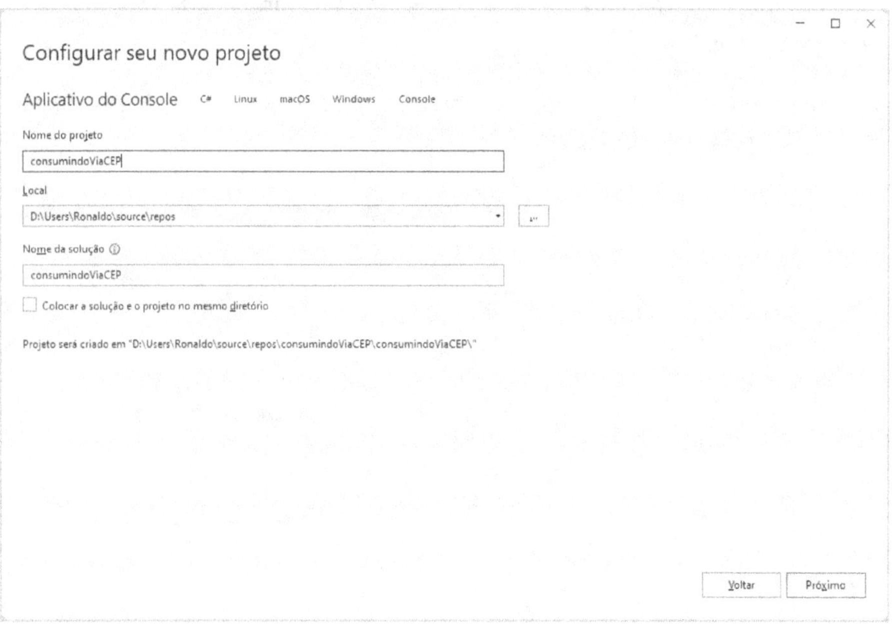

Na tela de informações adicionais, se necessário, desmarque a opção *"Não use instruções de nível superior"* e clique em **Criar**.

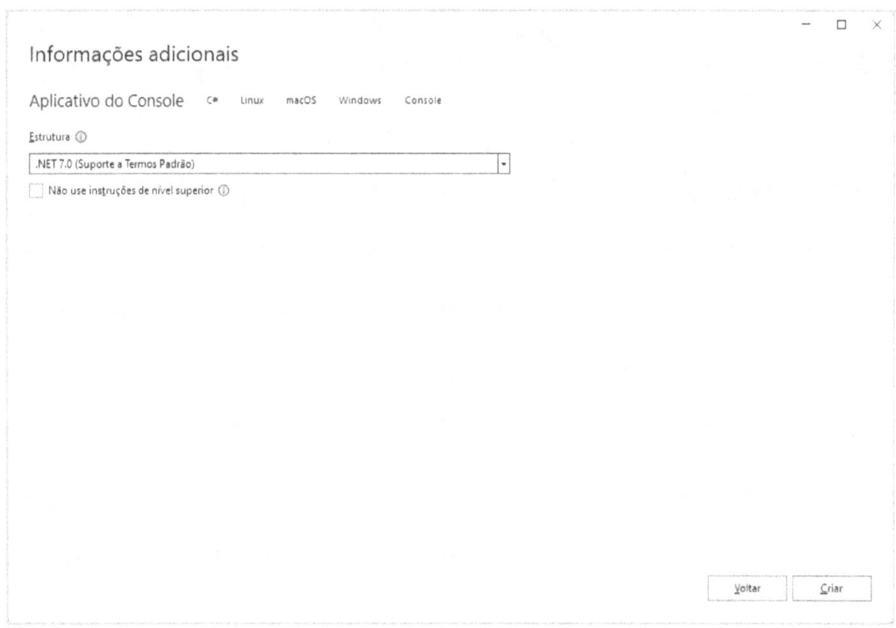

Com a aplicação criada devemos primeiramente instalar os pacotes necessários à mesma que são o *Refit* e o *Newtonsoft.Json*. Faremos a instalação do primeiro pacote usando a interface gráfica do *Gerenciador de Pacotes do NuGet*.

Para tal, a partir do menu do Visual Studio, clique em *"Ferramentas > Gerenciador de Pacotes do NuGet > Gerenciar Pacotes do NuGet para a Solução..."*. Selecione a guia *"Procurar"*, digite *"Refit"* e escolha a linha de acordo com a figura abaixo, selecionando todos os elementos do projeto.

Para finalizar, clique em **Instalar** e interaja com as janelas de diálogo que surgirem, se necessário.

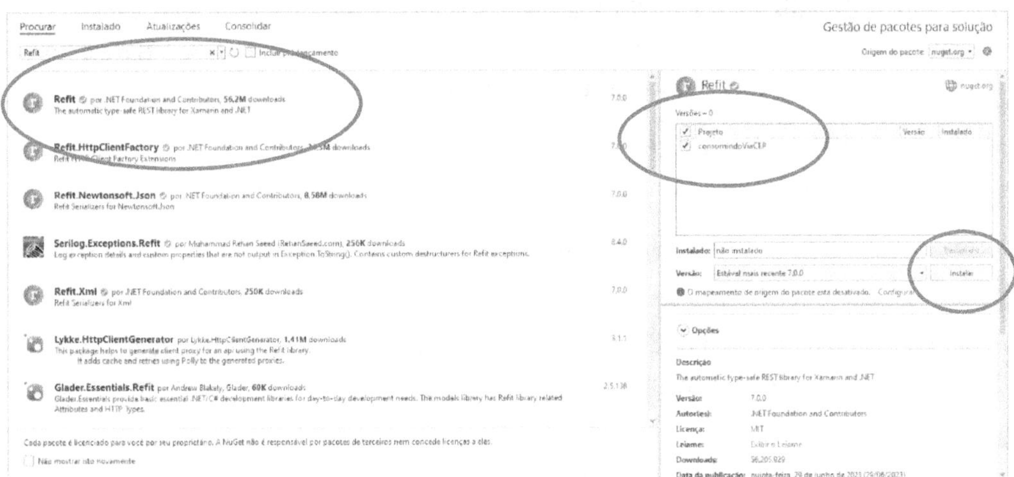

A instalação do segundo pacote será feita via *Console do Gerenciador de Pacotes*. Para tal, a partir do menu do Visual Studio, clique em *"Ferramentas > Gerenciador de Pacotes do NuGet > Console do Gerenciador de Pacotes"*. Ao fazer isso, você verá uma área, similar a abaixo, na parte inferior da tela do Visual Studio:

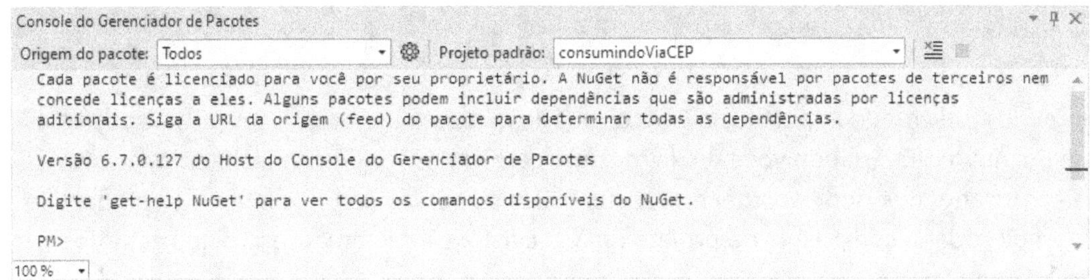

Este é o *Prompt* do console do gerenciador de pacotes. E nele você deve digitar o seguinte comando para instalar o *Newtonsoft.Json*:


```
Install-Package Newtonsoft.Json
```

O pacote *Newtonsoft.Json*, frequentemente referido como *Json.NET*, é uma popular biblioteca para .NET que permite a <u>serialização</u> e <u>deserialização</u> de objetos para e de formato JSON. Criado por James Newton-King, rapidamente se tornou a solução padrão da comunidade para trabalhar com JSON em .NET devido à sua flexibilidade, desempenho e rica funcionalidade.

Aqui estão algumas características e funcionalidades chave do Json.NET:

Conversão de Objetos para JSON e Vice-Versa: Você pode facilmente converter objetos .NET para *strings JSON* e *strings JSON* para objetos .NET.

LINQ to JSON: Json.NET fornece uma API LINQ que permite que você trabalhe com JSON de uma maneira que seja semelhante a trabalhar com XML no .NET.

Flexibilidade de Serialização: A biblioteca oferece uma vasta gama de opções para personalizar a serialização, como a nomeação de propriedades, o formato de data e hora, e o tratamento de referências circulares, entre outros.

Manipulação de JSON: Json.NET fornece objetos como *JObject* e *JArray* que facilitam a criação, leitura, modificação e remoção de dados em estruturas JSON.

Suporte para diferentes formatos de data: Json.NET pode lidar com várias representações de datas no JSON.

Desempenho: Json.NET é otimizado para desempenho e pode ser mais rápido do que as bibliotecas padrão de JSON fornecidas com o .NET Framework ou .NET Core em muitos cenários.

Compatibilidade: Json.NET é compatível com muitas versões do .NET Framework, .NET Core e também com Mono, tornando-o útil em muitos projetos e plataformas.

Apesar da Microsoft ter lançado sua própria biblioteca de manipulação de JSON chamada *System.Text.Json* no *.NET Core 3.0* e versões posteriores, muitos projetos ainda preferem usar o *Json.NET* devido à sua rica funcionalidade e ampla compatibilidade.

Como você pode perceber, o projeto que estamos desenvolvendo é simples. Contudo, eu já escrevi várias páginas e não esgotei a implementação. Mas, acredite que todo este conteúdo é de grande importância para o usuário que está dando os seus primeiros passos com um novo IDE. Quando você um livro como este em busca de conhecimento, a coisa mais frustrante que pode acontecer é seguir todos os passos de um exemplo e ao final não conseguir rodar o código e ver o projeto em execução. E é justamente isto que estamos querendo evitar.

Dito isto, vamos criar na pasta raiz do projeto o arquivo *"CepResponse"* que representa o modelo e serve para deserializar a resposta JSON do serviço ViaCEP em um objeto .NET. Clique com o botão direito do mouse no projeto *consumindoViaCEP* no *Gerenciador de Soluções*, depois em *"Adicionar > Classe"* e crie um arquivo de nome *"CepResponse.cs"*.

Depois substitua integralmente o código do arquivo gerado pelo código abaixo:

```csharp
                                                                          C#
using Newtonsoft.Json;
using Newtonsoft.Json.Serialization;
using System.Runtime.ConstrainedExecution;

namespace consumindoCEP
{
    public class CepResponse
    {
        [JsonProperty("cep")]
        public string? Cep { get; set; }

        [JsonProperty("logradouro")]
        public string? Logradouro { get; set; }

        [JsonProperty("bairro")]
        public string? Bairro { get; set; }

        [JsonProperty("localidade")]
        public string? Localidade { get; set; }

        [JsonProperty("uf")]
        public string? UF { get; set; }

        [JsonProperty("ibge")]
        public string? IBGE { get; set; }

        [JsonProperty("gia")]
        public string? GIA { get; set; }

        [JsonProperty("ddd")]
        public string? DDD { get; set; }

        [JsonProperty("siafi")]
        public string? Siafi { get; set; }
    }
}
```

No referido código é importante mencionar o uso da anotação *[JsonProperty("")]* para estabelecer a correta relação entre os atributos da classe *CepResponse* criada e os campos que a API retorna.

Agora podemos passar para a criação do arquivo *"ICepAPIService"* que define a interface
que descreve o contrato para chamar o serviço *ViaCEP* usando a biblioteca *Refit*. Clique com
o botão direito do mouse no projeto *consumindoViaCEP* no *Gerenciador de Soluções*, depois
em *"Adicionar > Classe"* e, observando que desta vez você deve selecionar *Interface*, crie um
arquivo de nome *"ICepAPIService.cs"*.

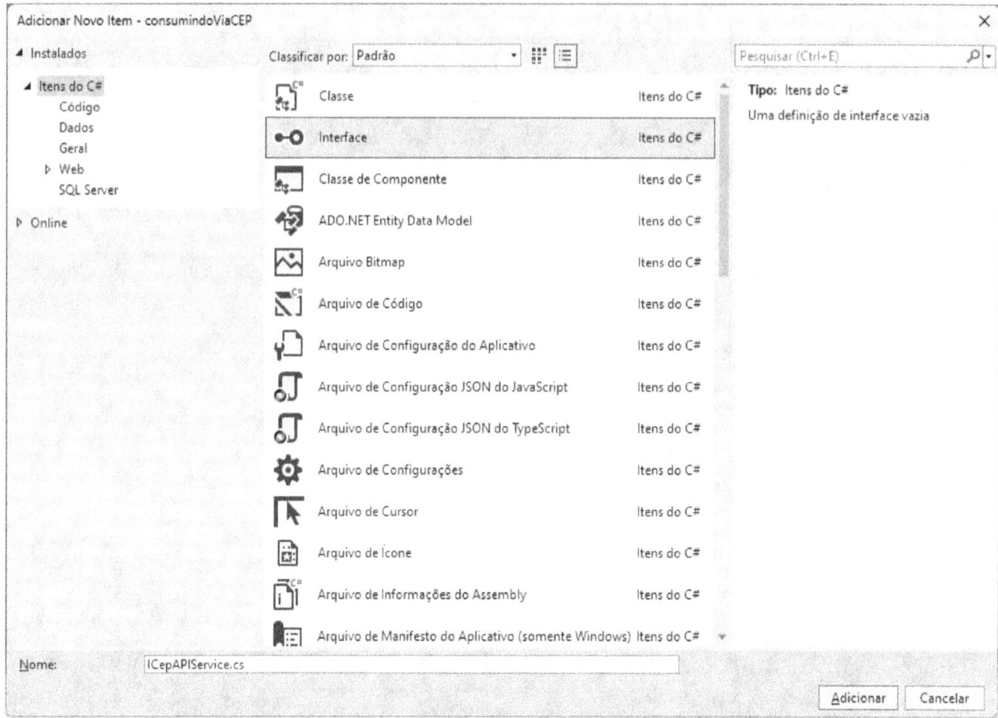

Depois substitua integralmente o código do arquivo gerado pelo código abaixo:

```csharp
using System;
using System.Collections.Generic;
using System.Linq;
using System.Text;
using System.Threading.Tasks;
using Refit;

namespace consumindoCEP
{
    public interface ICepAPIService
    {
        [Get("/ws/{cep}/json")]
        Task<CepResponse> GetCepResponseAsync(string cep);
    }
}
```

No código anterior merece destaque a implementação do método *GetCepResponseAsync* que é **assíncrono**, o que significa que ele não bloqueará o *thread* principal ao fazer a chamada do serviço. Você também está usando {cep} dentro da URI, que será substituído pelo valor do parâmetro *cep* quando o método for chamado. Isso torna a URL dinâmica.

Podemos alterar o código do arquivo *"Program.cs"*, substituíndo pelo código abaixo:

```csharp
using System;
using System.Threading.Tasks;
using Refit;

namespace consumindoCEP
{
    public class Program
    {
        static async Task Main(string[] args)
        {
            try
            {
                var cepClient =
RestService.For<ICepAPIService>("https://viacep.com.br");
                Console.WriteLine("CONSUMINDO O WEBSERVICE GRATUITO
[ViaCEP]");
                Console.WriteLine("Se não for informado, o CEP consultado
será o 24933310:");
                Console.WriteLine("Informe o CEP desejado:");
                string cepInformado = Console.ReadLine().ToString();
                Console.WriteLine("Consultando informações do CEP:" +
cepInformado);
                var Endereco = await
cepClient.GetCepResponseAsync(cepInformado);
                Console.Write($"\nLogradouro: {Endereco.Logradouro}" +
                              $"\nBairro....: {Endereco.Bairro}" +
                              $"\nLocalidade: {Endereco.Localidade}" +
                              $"\nUF........: {Endereco.UF}" +
                              $"\nDDD.......: {Endereco.DDD}" +
                              $"\n\n");
                Console.WriteLine("Pressione qualquer tecla para
encerrar.");
                Console.ReadKey();
            }
            catch (Exception e)
            {
                Console.WriteLine("Erro na consulta de CEP: " + e.Message);
            }
            Environment.Exit(0);
        }
    }
}
```

Este arquivo é a classe *Program*, que contém o método principal da sua aplicação. Ele define o fluxo do programa para consumir o serviço *ViaCEP*.

Vamos analisar o programa criado:

Início e Interface do Usuário: O programa inicia solicitando um CEP ao usuário e informando o que está fazendo. O uso de *Console.WriteLine* e *Console.ReadLine* permite uma interação simples com o usuário.

Criação do Cliente Refit: A linha *var cepClient = RestService.For<ICepAPIService>("https://viacep.com.br");* cria uma instância do cliente *Refit* para o serviço *ViaCEP*. Ela aponta para a URL base do serviço.

Consulta ao ViaCEP: Após o usuário informar o CEP, o programa consulta o *ViaCEP* e retorna as informações do endereço relacionado a esse CEP.

Exibição dos Resultados: As informações do endereço são exibidas no console usando interpolação de string, o que torna o código mais legível.

Tratamento de Erros: Existe um bloco *try-catch* que captura e informa ao usuário sobre possíveis erros durante a consulta. É uma boa prática ter esse tipo de tratamento, especialmente ao consumir serviços web, que podem falhar por várias razões. Ainda assim é um tratamento básico!

Finalização do Programa: Depois de exibir os resultados, o programa aguarda uma tecla ser pressionada e, em seguida, termina com *"Environment.Exit(0);"*.

O código da nossa aplicação já é funcional, mas não é um código completo e pronto para ser colocado produção, pois ainda existem pontos que podem ser melhorados. E este é um desafio que eu deixo para você.

Seria bom, por exemplo, ter mensagens de feedback para o usuário em caso de CEP inválido ou não encontrado. Antes de realizar a consulta, pode ser útil validar o formato do CEP informado pelo usuário para evitar consultas desnecessárias e potenciais erros.

Chegando a este ponto, se tudo foi feito corretamente, basta executar o programa e informar o CEP desejado para obter informações relevantes sobre o mesmo, em uma tela com a exibida a seguir:

```
CONSUMINDO O WEBSERVICE GRATUITO [ViaCEP]
Se não for informado, o CEP consultado será o 24933310:
Informe o CEP desejado:
24933310
Consultando informações do CEP:24933310

Logradouro: Avenida Benvindo Taques Horta Júnior
Bairro....: Jardim Atlântico Leste (Itaipuaçu)
Localidade: Maricá
UF........: RJ
DDD.......: 21

Pressione qualquer tecla para encerrar.
```

Se tudo correu bem, PARABÉNS! Caso o contrário, revise cuidadosamente todas as etapas anteriores, pois a minha meta é que você chegue ao final do capítulo conseguindo rodar o código e vendo o projeto em execução.

APLICAÇÕES PARA DISPOSITIVOS MÓVEIS

.NET MAUI, que significa *.NET Multi-platform App UI*, é um framework para a construção de aplicações nativas para diversos dispositivos, como *Windows, macOS, iOS* e *Android*, utilizando uma única base de código. Ele representa a evolução do Xamarin.Forms, incorporando os melhores recursos deste último e adicionando novas funcionalidades, otimizações e ferramentas para tornar o desenvolvimento de aplicativos móveis e desktop mais integrado e eficiente.

Além da possibilidade de criar aplicativos para diferentes plataformas, o .NET MAUI também se concentra na produtividade do desenvolvedor, com a promessa de facilitar a criação de interfaces de usuário modernas e adaptáveis.

Como o .NET MAUI se diferencia do Xamarin.Forms?

Xamarin.Forms sempre foi a escolha *go-to* para desenvolvedores .NET quando se tratava de criar aplicativos móveis multiplataforma. Entretanto, com o surgimento do .NET MAUI, algumas mudanças e melhorias significativas foram introduzidas:

Unificação da base de código: Ao contrário do Xamarin.Forms, onde os desenvolvedores precisavam gerenciar projetos separados para iOS e Android, o .NET MAUI oferece uma única base de código para todas as plataformas.

Melhor integração com o .NET: .NET MAUI é parte do ecossistema .NET, o que significa que ele se beneficia das últimas atualizações e otimizações do .NET, como a coleta de lixo mais eficiente, melhores ferramentas de diagnóstico e a possibilidade de usar as mais recentes APIs do C#.

UI moderna e adaptável: Com o .NET MAUI, é mais fácil criar interfaces de usuário que se adaptam automaticamente a diferentes dispositivos e orientações, sem a necessidade de escrever código específico da plataforma.

Acesso simplificado a recursos nativos: .NET MAUI oferece uma abordagem mais integrada para acessar recursos de dispositivos, como câmera, GPS e notificações, eliminando a necessidade de plugins de terceiros ou código específico da plataforma.

Desempenho aprimorado: Por ser uma evolução do Xamarin.Forms, o .NET MAUI incorpora melhorias de desempenho significativas, o que resulta em aplicativos mais rápidos e responsivos.

Em resumo, enquanto o Xamarin.Forms foi uma ferramenta revolucionária para seu tempo, o .NET MAUI representa o próximo passo na jornada de desenvolvimento de aplicativos multiplataforma para desenvolvedores .NET, oferecendo mais eficiência, desempenho e flexibilidade.

Assim, fica claro e justificado porquê adotaremos o .NET MAUI como framework de desenvolvimento de aplicações para dispositivos móveis. Ainda assim, este será um conteúdo introdutório, ou seja, você precisará e deverá buscar conhecimentos complementares para desenvolver aplicações profissionais e lucrativas.

Para desenvolver aplicativos com .NET MAUI, é essencial ter um ambiente de desenvolvimento bem configurado. Abaixo, descrevo os passos para configurar tudo que você precisa para começar.

Instalação do Visual Studio 2022

É certo que no nosso contexto o Visual Studio já está instalado e em pleno funcionamento na sua máquina. De qualquer forma, não posso deixar de falar que este um requisito básico para o desenvolvimento de aplicativos para dispositivos móveis com o .NET MAUI.

Selecionando os Workloads do .NET MAUI

Se você fez a instalação do Visual Studio da forma indicada no tópico *"2.2 - Instalando o Visual Studio"*, você ainda não tem a carga de trabalho do .NET MAUI instalada e configurada.

Execute o *Visual Studio Installer*, clique no botão **Modificar**, selecione a aba "Cargas de trabalho" e você verá uma tela similar à abaixo:

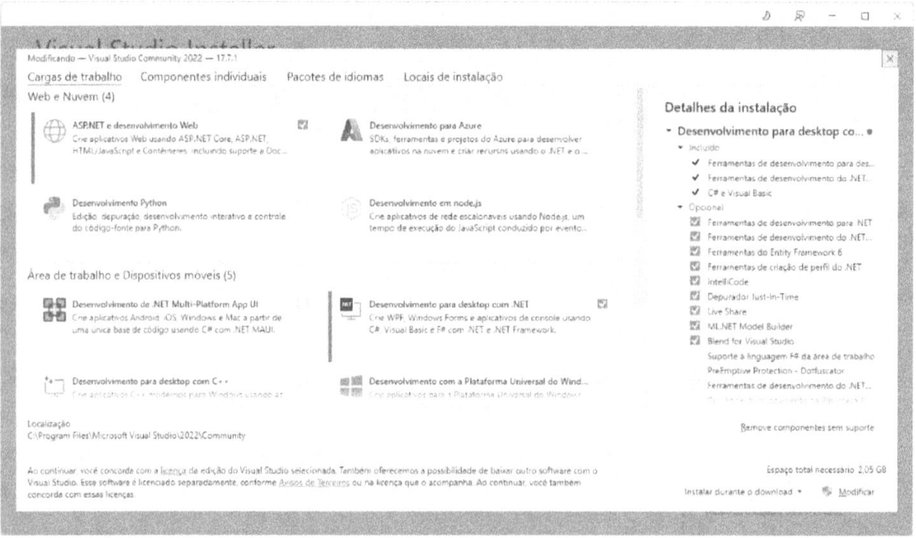

Nesta tela, localize *"Desenvolvimento de .Net Multi-Platform App UI"* que, provavelmente, não estará selecionado, como ilustrado na imagem anterior.

Para habilitar o desenvolvimento de aplicações móveis com o .NET MAUI, tudo o que você precisa fazer é selecionar esta carga de trabalho (workload) para que as opções padrão relacionadas ao .NET MAUI sejam selecionadas para instalação. Para finalizar, clique no botão **Modificar**, no canto inferior direito da tela e aguarde o final da instalação dos elementos necessários.

SDKs e Emuladores

Além do Visual Studio e dos workloads do .NET MAUI, você precisará dos SDKs específicos para as plataformas que deseja atingir:

Android: O Visual Studio instalará automaticamente o *Android SDK* mais recente. Também será oferecido a instalação de emuladores Android.

iOS: Se você estiver desenvolvendo em uma máquina Windows, precisará de um Mac para compilar e emular aplicativos iOS. O Visual Studio se comunicará com o Mac para essas tarefas.

Atualizações do .NET CLI

O .NET MAUI introduziu novos comandos CLI. Para garantir que você tenha os mais recentes, embora os leitores do livro já estejam desenvolvendo projetos com o .NET 7.0, faça o seguinte:

1. Abra o *terminal* ou *prompt de comando*.
2. Execute o comando: "**dotnet --version**" para garantir que o *.NET 7.0 (ou superior)* está instalado.
3. Se necessário, atualize o *.NET SDK* acessando o site oficial do .NET (https://dotnet.microsoft.com/download/dotnet/7.0).

Superando alguns obstáculos

Muitas vezes a configuração do ambiente de desenvolvimento para dispositivos móveis é uma pedra no sapato do desenvolvedor iniciante. E não é raro que o desenvolvedor simplesmente desista de continuar sua jornada de aprendizado.

Pensando nisto, antes de prosseguirmos para um exemplo, vou falar sobre alguns problemas comuns e como contorna-los, a fim de compilar e testar a sua aplicação móvel.

Em geral, as especificações para desenvolvimento em .NET MAUI são mais determinadas pelas ferramentas que você está usando, como o Visual Studio, e pelo sistema operacional do host. Aqui estão algumas recomendações gerais para um bom ambiente de desenvolvimento .NET MAUI:

Sistema Operacional: *Windows 11* ou *Windows 10* (para desenvolvimento no Windows) e *macOS* para desenvolvimento iOS.

Memória RAM: Pelo menos 8 GB, mas 16 GB é mais recomendado para um desempenho suave, especialmente se você estiver executando emuladores e múltiplas ferramentas ao mesmo tempo.

CPU: Um processador moderno, como um Intel Core i5/i7 ou AMD equivalente. O suporte a virtualização (para emuladores Android) é essencial, então verifique se a tecnologia VT-x (Intel) ou AMD-V está disponível e habilitada em sua máquina.

Memória de Vídeo: Uma GPU dedicada não é estritamente necessária para o desenvolvimento de .NET MAUI. Contudo, ter uma GPU decente (como uma NVIDIA GTX 1050 ou superior) pode ajudar se você estiver trabalhando com emuladores Android que utilizam aceleração gráfica ou se estiver desenvolvendo jogos ou aplicações com gráficos intensivos.

Espaço em Disco: SSD é altamente recomendado para tempos de compilação mais rápidos e melhor desempenho geral. Garanta pelo menos 50GB ou mais de espaço livre, considerando as ferramentas, SDKs, emuladores e seus próprios projetos.

Lembre-se de que, ao configurar o ambiente de desenvolvimento para .NET MAUI, também será necessário considerar os SDKs para Android e iOS (se planeja desenvolver para iOS). Ambos podem exigir recursos adicionais.

Ao tentar criar seu primeiro projeto, pode ser que você venha a ter problemas em relação a algumas dependências necessárias para a compilação do mesmo. A imagem abaixo ilustra uma situação assim:

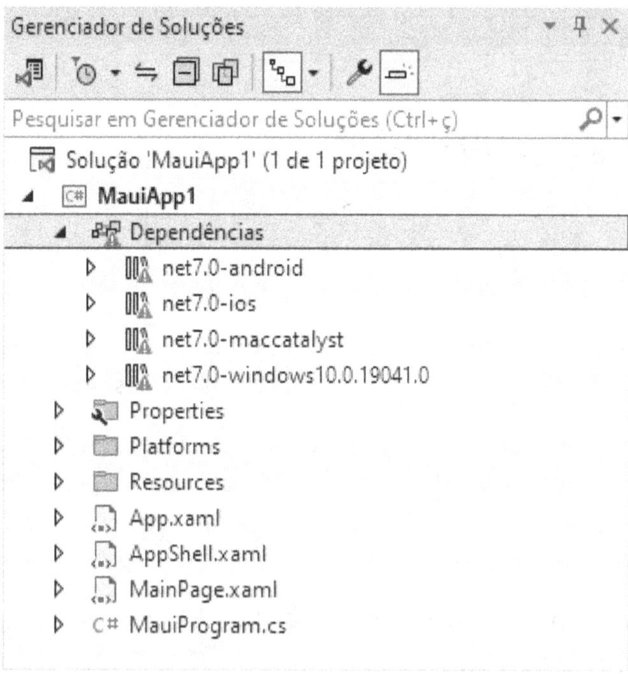

Se tal situação ocorrer é porque, provavelmente, você instalou as versões *x86 (32 bits)* e *x64 (64 bits)* do SDK do .NET (O QUE EU RECOMENDO QUE SEJA FEITO) e isso está causando um conflito, pois quando você executa o *dotnet*, ele está resolvendo para a versão *x86* quando ele deve ser resolvido para a versão *x64*. Isso geralmente é corrigido ajustando a variável *%PATH%* de forma que a versão x64 seja resolvida primeiro. Faça o seguinte:

1. Certifique-se que você tem as duas versões instaladas executando o comando **where.exe dotnet**. Se tiver, você deverá ver uma entrada para as pastas *Arquivos de Programas* e *Arquivos de Programas (x86)*. Se a pasta *Arquivos de Programas (x86)* for a primeira conforme indicado pelo exemplo a seguir, ela estará incorreta e você deverá continuar para a próxima etapa.


```
> where.exe dotnet
C:\Program Files (x86)\dotnet\dotnet.exe
C:\Program Files\dotnet\dotnet.exe
```

Se estiver correto e *Arquivos de Programas* estiver em primeiro lugar, você não terá o problema que estou equacionando aqui. Mas se você estiver tendo problemas, recomendo que você solicite ajuda do .NET no GitHub

2. Pressione o botão do Windows e digite *"Editar as variáveis de ambiente do sistema"* na pesquisa. Selecione Editar as variáveis de ambiente do sistema.
3. A janela *Propriedades do Sistema* é aberta para a guia *Avançado*. Selecione *Variáveis de Ambiente*.
4. Na janela Variáveis de Ambiente, no grupo *variáveis do sistema*, selecione a linha *Caminho (Path)* e, em seguida, o botão **Editar**.
5. Use os botões Mover para cima e mover para baixo para mover a entrada *"C:\Arquivos de Programas\dotnet\"* para acima de *"C:\Arquivos de Programas (x86)\dotnet\"*.

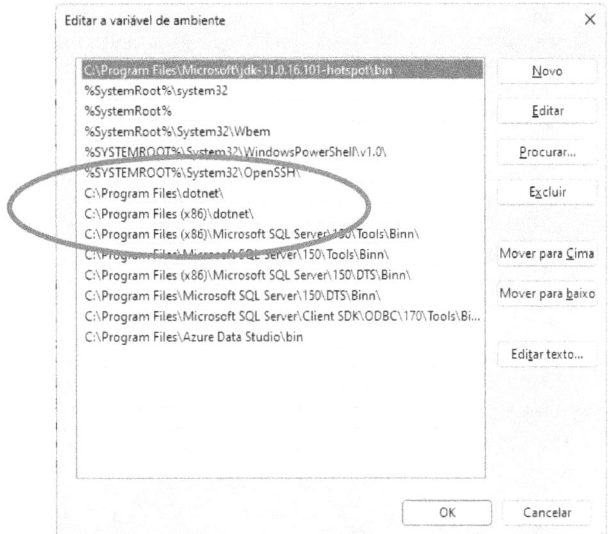

Depois clique em **Ok**. Isto deve ser o suficiente para que as dependências necessárias sejam carregadas.

Você precisa garantir que o *Hyper-V* esteja habilitado na máquina. Para tal, digite *"Ativar ou desativar recursos do Windows"* na barra de pesquisa e selecione todas as opções do *Hyper-V* na janela de recursos.

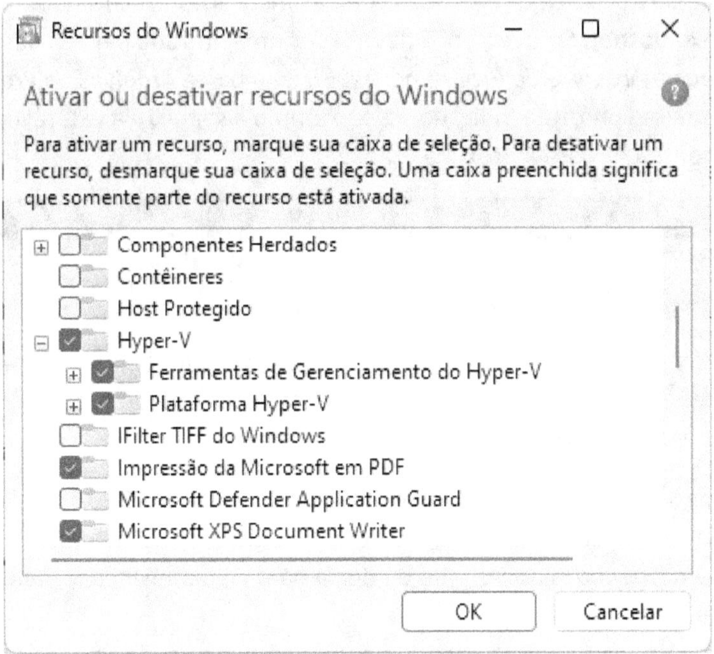

Para terminar, clique em **OK** e reinicie a máquina.

9.3 – Testando o ambiente de desenvolvimento

Ao invés de criar um projeto clássico, optei por criar um projeto para garantir que você terá condições de desenvolver aplicações para dispositivos móveis. Isso porquê, uma vez superados os obstáculos apresentados no tópico anterior, você precisará saber se o seu ambiente terá boa performance com o uso de emuladores de dispositivos móveis. Os emuladores são fundamentais para que você possa testar a sua aplicação em um ou vários dispositivos, sem ter a necessidade de tê-los fisicamente.

Vamos configurar um emulador para um dispositivo com sistema operacional *Android*.

Abra o Visual Studio 2022 e clique em **Continue sem código**.

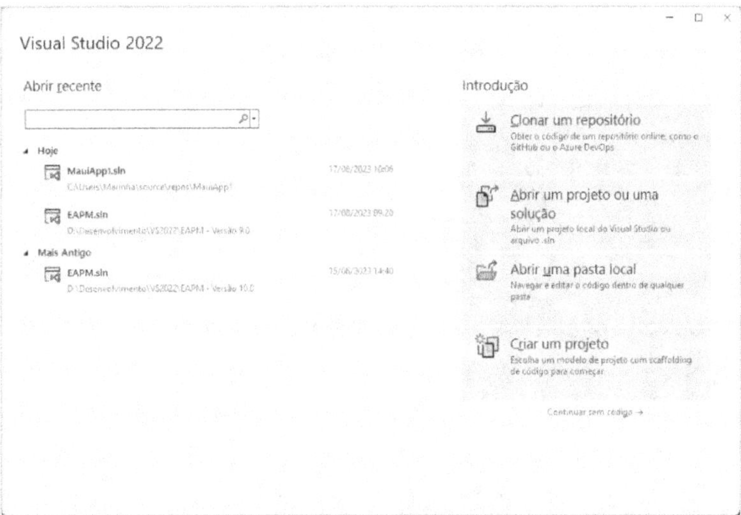

1. Depois, no menu principal, clique em *"Ferramentas > Android > Gerenciador de Dispositivos Android..."*. Você verá uma tela similar a tela abaixo:

2. Clique em "**+ Novo**" e crie um dispositivo virtual compatível com o smartphone *Google Pixel 5*. Mantenhas as configurações padrão e torque o nome e o SO do dispositivo, conforme a tela abaixo:

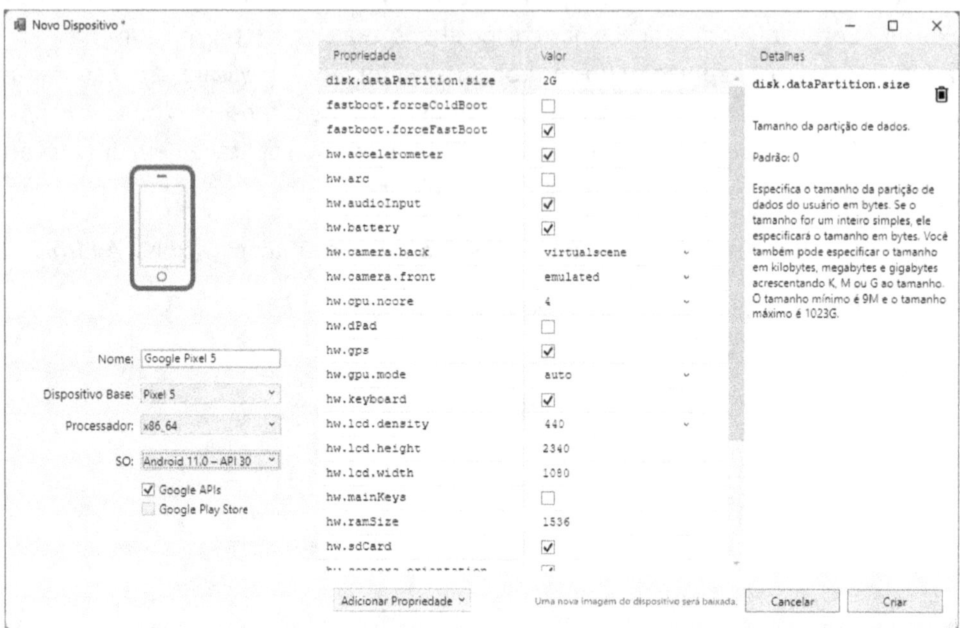

3. Clique em **Criar**, aceite os termos de licenciamento e aguarde o término da configuração.

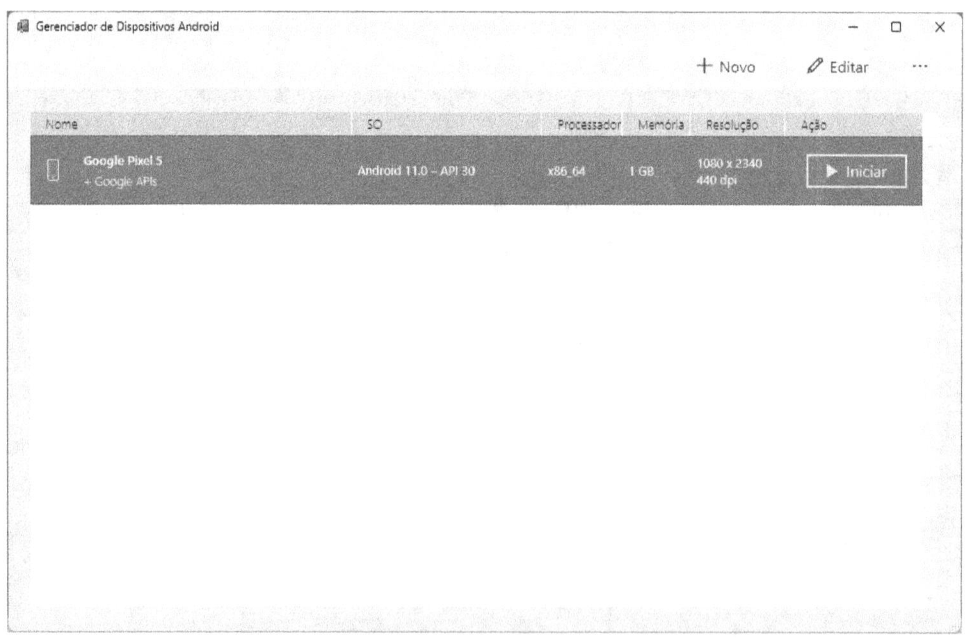

Se tudo correu bem, você terá configurado um smartphone virtual *Google Pixel 5* que será exibido na tela do *Gerenciador de Dispositivos Android*. Este dispositivo poderá ser utilizado em toda e qualquer aplicação para dispositivos móveis que você criar com o *Visual Studio* e *.NET MAUI*.

4. Clique em **Iniciar** e aguarde a inicialização do dispositivo virtual.

Se tudo correu bem, você verá a tela do emulador. Se lhe for apresentada uma janela de diálogo informando que o *Hyper-V* não está habilitado, mesmo com os ajustes feitos no tópico anterior, você precisará habilitar a virtualização no BIOS da sua máquina.

Somente chegando a este ponto é que podemos pensar em criar uma aplicação de exemplo. Só que muitos livros começariam o capítulo exatamente aqui, deixando de abordar problemas comuns que, quando ocorrem nas mãos de um usuário iniciante, são tão desestimulantes que fazem com que muitos fiquem pelo caminho.

Vamos em frente!

Com tudo configurado e o emulador pronto para uso, vamos criar uma pequena aplicação com o *.NET MAUI*. Faça o seguinte:

1. Abra o Visual Studio 2022 e clique em **Criar um projeto**.

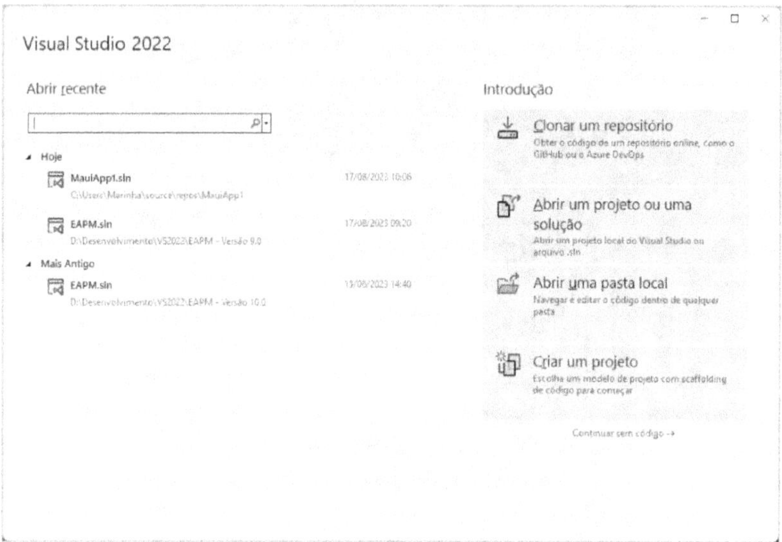

2. Na caixa de pesquisa, digite "**MAUI**" e selecione *"Aplicativo .NET MAUI"* como tipo de projeto.

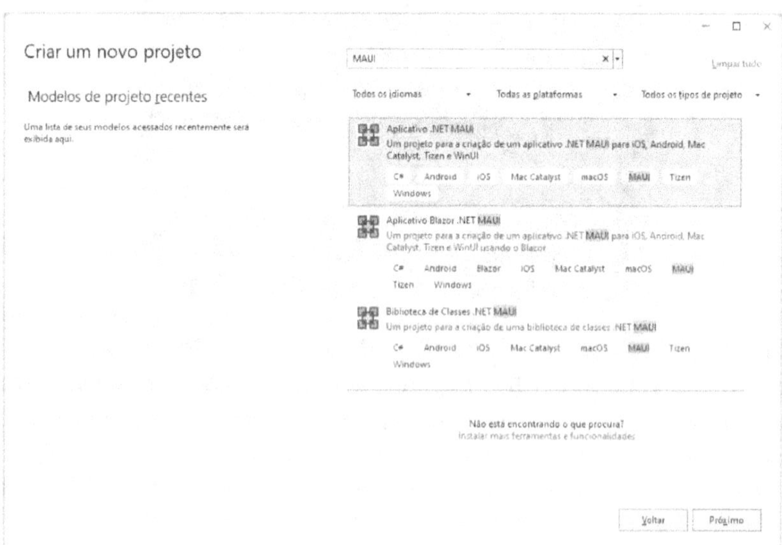

3. Dê o nome "meuProjetoMAUI" ao projeto e clique em **Próximo**.

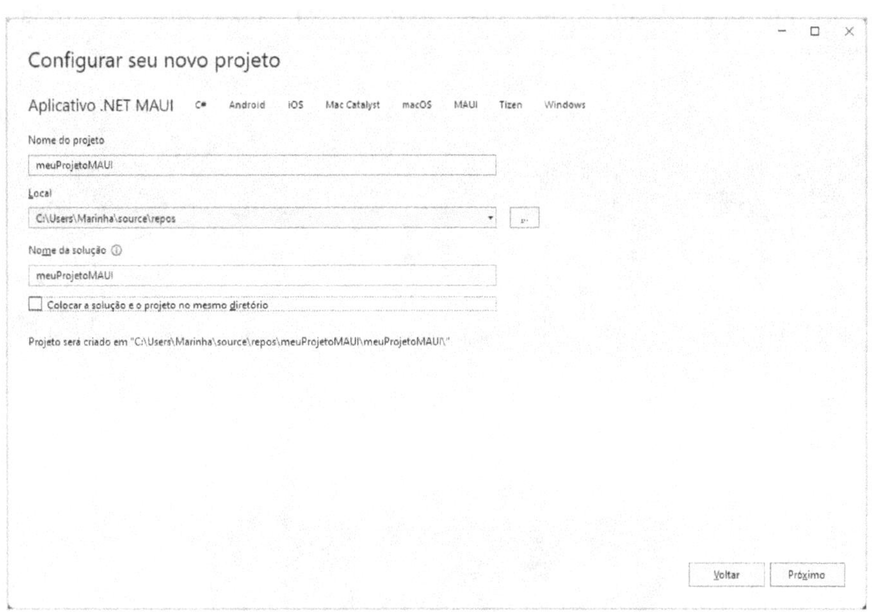

4. Na tela de informações adicionais, garanta que o *.NET 7.0* esteja selecionado e clique em **Criar**.

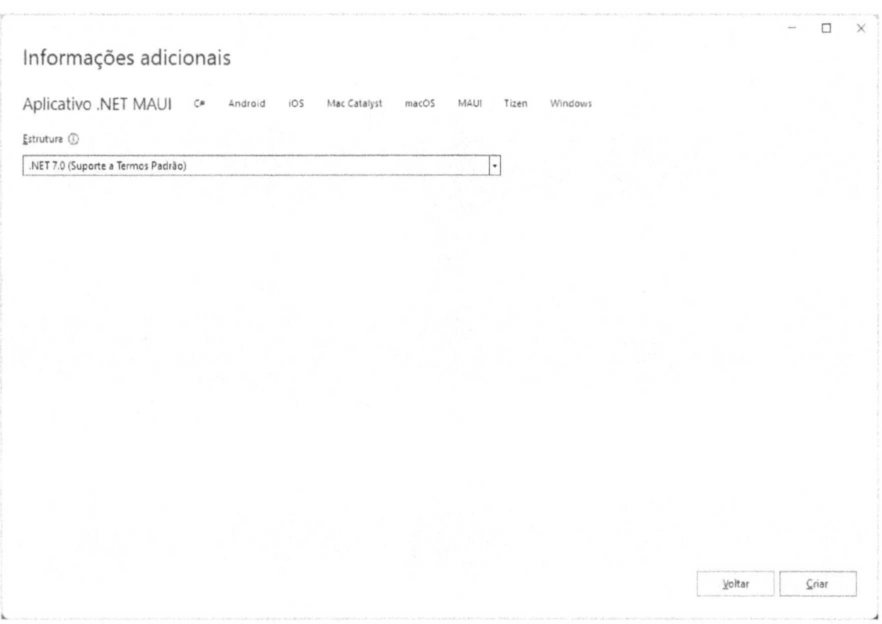

Não faça nenhuma alteração na aplicação criada. Apenas se certifique que as dependências foram resolvidas e que a compilação da aplicação não retornará nenhum erro. Para compilar a solução, no meu do Visual Studio, clique em *"Compilação > Compilar solução"*. Você pode usar as teclas de atalho *"Ctrl+Shift+B"*, se preferir.

Antes de executar a aplicação você precisa alterar o dispositivo destino, substituindo a opção padrão *"Windows Machine"* pelo smartphone virtual *Google Pixel 5* que criado anteriormente.

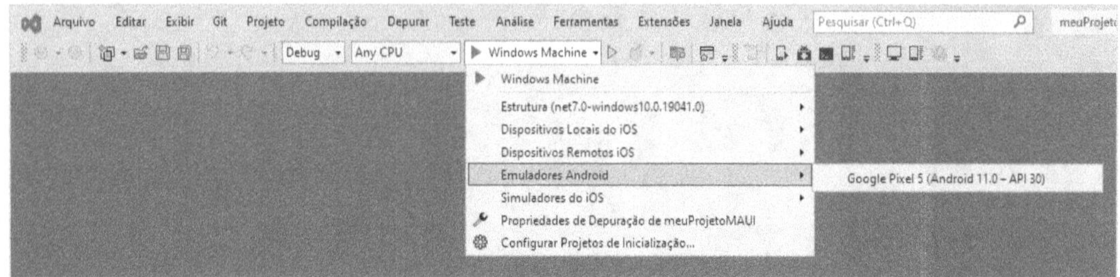

Agora sim você clicar em "**F5**" e executar a aplicação. Se tudo correr bem, você verá uma tela similar a abaixo:

Você deve ter notado que a minha tela está um pouco diferente da sua. O motivo disso é que eu fiz algumas customizações no código da aplicação, tanto para a tradução quanto para a adequação de alguns textos. Que tal você fazer o mesmo? Experimente!

Ao final deste capítulo espero que você tenha compilado a aplicação e que um novo horizonte tenha surgido em sua mente.

9.4 - Estrutura Básica de um Projeto .NET MAUI

Depois de criamos nosso primeiro projeto *.NET MAUI* pelo Visual Studio 2022, eu gostaria de chamar a sua atenção para a clareza e organização da estrutura do projeto. A estrutura de diretórios e arquivos foi pensada para simplificar o desenvolvimento de aplicações multiplataforma. Vamos explorar juntos essa estrutura e entender cada um dos seus componentes:

wwwroot:

Este diretório é muito familiar para aqueles que já trabalharam com ASP.NET Core. Ele armazena arquivos estáticos, como imagens, folhas de estilo e scripts. No contexto do .NET MAUI, é onde colocamos nossos recursos compartilhados entre plataformas, como imagens.

Platforms:

Aqui, encontramos subdiretórios para cada plataforma específica que o .NET MAUI suporta: *Android*, *iOS*, *MacCatalyst* e *Windows*. Se precisarmos de código ou configurações específicas de uma determinada plataforma, é aqui que as colocaríamos.

Cada subdiretório dentro de *"Platforms"* contém arquivos específicos para aquela plataforma. Por exemplo, para *Android*, temos arquivos como *"MainActivity.cs"* e *"AndroidManifest.xml"*. Para *iOS*, encontramos arquivos como *"AppDelegate.cs"* e *"Info.plist"*.

Models e Views:

Em aplicações .NET MAUI padrão, encontramos diretórios para *Models (modelos)* e *Views (visões)*. Os *Models* são, geralmente, classes que representam os dados da nossa aplicação. Já as *Views* contêm a lógica de apresentação e layout.

ViewModels:

No padrão *MVVM (Model-View-ViewModel)*, que o .NET MAUI adota, os *ViewModels* contêm a lógica de negócios e o estado da *UI (User Interface, ou Interface do Usuário)*. Eles atuam como uma ponte entre os *Models* e as *Views*.

App.xaml e App.xaml.cs:

Este par de arquivos é o ponto de partida da nossa aplicação. O *App.xaml* define recursos globais, enquanto o *App.xaml.cs* contém a lógica de inicialização da aplicação.

Startup.cs:

Novamente, para aqueles de nós familiarizados com *ASP.NET Core*, este arquivo será reconhecido. Em *.NET MAUI*, ele define serviços, configurações e a lógica de inicialização específica da aplicação.

Conforme avançamos na criação e desenvolvimento de aplicações .NET MAUI, percebemos a facilidade de ter uma estrutura clara e bem definida. Ela nos permite saber exatamente onde colocar cada componente, facilitando tanto o desenvolvimento quanto à manutenção.

Eu espero que esta rápida jornada pela estrutura de um projeto .NET MAUI tenha sido esclarecedora para você, assim como foi para mim.

Uma das maiores vantagens de trabalharmos com o .NET MAUI é a capacidade de criar interfaces de usuário consistentes e adaptáveis para múltiplas plataformas usando uma única base de código. Neste tópico, vamos mostrar os passos para criar uma interface de usuário básica.

Layouts em .NET MAUI:

Os layouts são os componentes fundamentais que usamos para organizar visuais em nossa aplicação. Alguns dos layouts mais comuns são **StackLayout**, **GridLayout** e **FlexLayout**.

Por exemplo, para criar um layout empilhado verticalmente:

```csharp
var layout = new StackLayout
{
    Children =
    {
        new Label { Text = "Olá, .NET MAUI!" },
        new Button { Text = "Clique aqui" }
    }
};
```

Controles:

O .NET MAUI oferece uma variedade de controles para criar a interface do usuário, como *Label*, *Button*, *Entry*, entre outros. Estes controles podem ser personalizados para se adaptarem ao design da nossa aplicação.

Adicionando Eventos:

É essencial adicionar interatividade aos nossos controles. Por exemplo, para adicionar um evento de clique a um botão:

```csharp
var button = new Button { Text = "Clique aqui" };
button.Clicked += (s, e) =>
{
    // Ação a ser executada quando o botão for clicado
};
```

Estilos e Temas:

Podemos definir estilos para nossos controles para garantir uma aparência consistente em toda a aplicação. O .NET MAUI também suporta temas claros e escuros, adaptando-se às preferências do sistema ou permitindo que os definamos manualmente.

Integração com Plataformas Específicas:

Embora o .NET MAUI nos permita desenvolver uma interface de usuário unificada, há momentos em que precisamos acessar funcionalidades específicas da plataforma. Com o .NET MAUI, isso é fácil, graças à sua capacidade de integração.

Com a nossa interface básica pronta, podemos começar a adicionar mais funcionalidades, como navegação entre páginas, animações e muito mais.

Lembre-se que este tópico é apenas um ponto de partida. O .NET MAUI oferece muitas ferramentas e recursos para criar interfaces de usuário incríveis. À medida que exploramos mais o .NET MAUI, descobrimos seu verdadeiro potencial e todas as possibilidades que ele nos oferece.

Ao construirmos aplicações com múltiplas telas e funcionalidades, a navegação se torna um aspecto crucial. Além disso, é fundamental compreender o ciclo de vida da aplicação para gerenciar recursos e garantir uma experiência fluida ao usuário. Vamos explorar ambos os aspectos neste tópico.

Navegação entre Páginas:

O .NET MAUI fornece uma estrutura de navegação baseada em pilha, facilitando o trânsito entre páginas.

Para navegar para uma nova página:

```csharp
Navigation.PushAsync(new MinhaNovaPagina());
```

Para retornar à página anterior:

```csharp
Navigation.PopAsync();
```

Navegação com Abas e Gavetas:

Para aplicações mais complexas, podemos usar a navegação com abas (*TabView*) ou gavetas (*DrawerView*). Esses controles nos permitem organizar várias páginas de forma intuitiva e acessível.

Ciclo de Vida da Aplicação:

As aplicações .NET MAUI têm eventos de ciclo de vida que podem ser manipulados para executar ações em momentos específicos. Alguns dos principais eventos são: *OnStart*, *OnResume* e *OnSleep*.

Por exemplo, podemos querer salvar dados quando a aplicação é minimizada:

```csharp
protected override void OnSleep()
{
    // Salvar dados aqui
}
```

Ciclo de Vida da Página:

Além do ciclo de vida da aplicação, cada página tem seu próprio ciclo de vida. Isso inclui eventos como *OnAppearing* e *OnDisappearing*. Eles são úteis para executar ações quando uma página é carregada ou quando o usuário sai dela.

Manipulando a Navegação:

Em algumas situações, podemos querer intervir no processo de navegação, seja para pedir confirmação ao usuário ou para realizar algum pré-processamento. Para isso, podemos sobrescrever o método *OnBackButtonPressed*.

Navegação profunda:

 O .NET MAUI também suporta navegação profunda, permitindo-nos direcionar o usuário diretamente para uma página ou vista específica dentro da aplicação, a partir de notificações ou links externos.

Navegar entre páginas e gerenciar o ciclo de vida são importantes para proporcionar uma experiência de usuário consistente e responsiva. Ao dominarmos esses conceitos, garantimos que nossa aplicação se comporta como esperado, independentemente de como o usuário interage com ela.

Uma das premissas do desenvolvimento cross-platform é escrever o código uma vez e executá-lo em múltiplas plataformas. No entanto, também queremos aproveitar ao máximo as características únicas de cada dispositivo. E é aqui que o .NET MAUI brilha!

O **.NET MAUI Essentials** nos oferece uma série de APIs unificadas para acessar recursos e capacidades do dispositivo, como geolocalização, sensores, câmera, entre outros, sem a necessidade de implementações específicas para cada plataforma.

Acessando a Câmera:

Imagine que desejamos permitir que os usuários tirem fotos diretamente de nossa aplicação. Podemos fazer isso facilmente!

```csharp
var foto = await MediaPicker.CapturePhotoAsync();
var stream = await foto.OpenReadAsync();
```

Aqui, após a captura, temos acesso ao *stream* da imagem, podendo processá-la ou armazená-la conforme a nossa necessidade.

Obtendo a Localização:

Veja como é simples, por exemplo, obter a localização atual do dispositivo:

```csharp
var localizacao = await Geolocation.GetLocationAsync();
var latitude = localizacao.Latitude;
var longitude = localizacao.Longitude;
```

Com essas coordenadas, podemos, por exemplo, mostrar um ponto em um mapa ou buscar pontos de interesse próximos.

Acessando a Agenda do Usuário:

Um outro exemplo é como podemos ler ou adicionar eventos ao calendário do dispositivo:

```csharp
var eventos = await Calendar.GetEventsAsync(DateTime.Now,
DateTime.Now.AddDays( ));
```

Isso é extremamente útil para aplicações que precisam se integrar com as atividades diárias do usuário.

Interagindo com Outros Apps:

Se quisermos abrir um link em um navegador, por exemplo:

```csharp
await Launcher.OpenAsync("https://arcadiahost.com.br/");
```

Acessando recursos específicos da plataforma:

Em casos onde o *.NET MAUI Essentials* não cobre uma funcionalidade específica ou quando precisamos de um controle mais granular, ainda podemos escrever código específico para cada plataforma utilizando a técnica de *"Dependency Injection"* e *"Dependency Service"*.

Acessar recursos nativos eleva o nível das nossas aplicações, oferecendo uma experiência rica e integrada ao usuário. O .NET MAUI nos facilita muito nesse processo, permitindo que nos concentremos na lógica da aplicação enquanto ele cuida das especificidades das plataformas.

Ao desenvolvermos aplicações, frequentemente nos deparamos com a necessidade de armazenar informações. Seja para guardar as preferências do usuário, registrar atividades ou mesmo salvar dados para uso offline, a persistência de dados é uma tarefa comum.

Neste tópico você terá uma visão geral de algumas formas de persistência de dados e de como fazê-la.

Preferências de aplicação

Para cenários simples, como salvar configurações ou pequenos valores:

```csharp
Preferences.Set("nome_usuario", "João");
var nome = Preferences.Get("nome_usuario", "default_value");
```

Arquivos locais

Se precisarmos de um armazenamento mais robusto, podemos salvar arquivos diretamente no sistema de arquivos do dispositivo:

```csharp
var arquivo = Path.Combine(FileSystem.AppDataDirectory, "meuarquivo.txt");
File.WriteAllText(arquivo, "Conteúdo do arquivo.");
```

SQLite

Uma das formas mais populares de persistência de dados em dispositivos móveis é o uso de bancos de dados *SQLite*. É leve, eficiente e integrado diretamente com o *.NET MAUI*.

```csharp
var dbPath = Path.Combine(FileSystem.AppDataDirectory, "meudb.sqlite");
var db = new SQLiteConnection(dbPath);
```

Podemos *criar*, *consultar*, *atualizar* e *excluir* registros com facilidade. A biblioteca *SQLite.NET* facilita ainda mais essa tarefa, permitindo que trabalhemos com LINQ e objetos.

Dados na nuvem:

Em muitos casos, podemos querer sincronizar os dados locais com um servidor remoto. Isso nos permite oferecer recursos como backup, por exemplo. Podemos utilizar serviços como *Azure Mobile Apps*, *Firebase*, entre outros, para essa finalidade.

Data Caching:

Ao recuperar dados da internet, é uma boa prática armazená-los localmente para acesso rápido e uso off-line. Podemos usar bibliotecas como *Monkey Cache* para simplificar essa tarefa.

Segurança:

Ao lidarmos com dados sensíveis, é crucial garantir sua segurança. Podemos utilizar o *SecureStorage* para armazenar pequenos fragmentos de dados de forma segura.

```csharp
await SecureStorage.SetAsync("chave_secreta", "valor");
var valor = await SecureStorage.GetAsync("chave_secreta");
```

Como vimos, temos diversas opções ao lidarmos com persistência de dados no *.NET MAUI*. A escolha do método ideal dependerá das necessidades específicas da nossa aplicação.

Chegando ao final deste capítulo, espero que a meta de superar os obstáculos e permitir que os neófitos no desenvolvimento de aplicações para dispositivos móveis encontrem no *.NET MAUI* um ferramental viável para auxiliá-los tenha sido alcançada.

CAPÍTULO 10

VISUAL STUDIO CODE E LINUX

Ao mergulharmos no mundo do desenvolvimento, nos deparamos com uma série de ferramentas e sistemas operacionais disponíveis. Um desses sistemas que tem ganhado destaque, principalmente para desenvolvedores e entusiastas, é o **Linux Mint**.

O Linux Mint surgiu em 2006 como uma alternativa ao Ubuntu. Desde o início, seu objetivo era fornecer uma experiência de usuário mais completa e fácil de usar do que outros sistemas Linux, incluindo todos os codecs, plugins e aplicações que os usuários geralmente necessitam.

Por que escolher o Linux Mint?

Dentre as várias distribuições Linux disponíveis, o Mint se destaca por diversas razões:

Facilidade de uso

A interface é intuitiva, especialmente para quem vem do Windows. Ele fornece uma transição mais suave para aqueles que querem experimentar o Linux pela primeira vez.

Estabilidade:

O Mint é conhecido por sua robustez e estabilidade, tornando-o uma escolha popular para uso diário e desenvolvimento.

Suporte a software

Com base no Ubuntu, o Mint se beneficia de vastos repositórios de software, tornando fácil a instalação de aplicações e ferramentas.

Comunidade Ativa

A comunidade Mint é vibrante e sempre disposta a ajudar. Existem muitos fóruns, grupos e recursos online dedicados a ajudar novos usuários.

Edições e ambientes de desktop

O Linux Mint vem em várias edições, cada uma com seu ambiente de desktop. As mais populares são:

- **Cinnamon**: Este é o ambiente de desktop padrão e o mais popular do Mint. É conhecido por ser moderno e fácil de usar, mantendo-se leve e responsivo.
- **MATE e Xfce**: São alternativas mais leves e ideais para computadores mais antigos ou com recursos limitados.

Eu uso a edição *MATE* do Linux Mint já há alguns anos e posso assegurar que a experiência do usuário que está acostumado com o Windows é muito tranquila. O processo de instalação do Linux Mint é bastante simples, mas esta é uma tarefa que vou deixar por sua conta.

Antes de adentrarmos com um pouco mais de profundidade no Linux, inclusive apresentando um editor de código-fonte alternativo e gratuito, eu gostaria de chamar atenção para a flexibilidade do Visual Studio enquanto IDE com suporte nativo para várias plataformas.

E para ser simples e extremamente objetivo, eu vou criar um exemplo simples de aplicação console escrita em C# que pode ser executada tanto no Windows quanto no Linux. E esta aplicação será caracterizada por sua construção híbrida, ou seja, na linha de comando e no ambiente visual.

Vamos lá?

Criando o projeto

No *Terminal* ou *Prompt de comando*, digite o comando abaixo para criar um novo projeto:

```
PROMPT
dotnet new console -n CrossPlatformApp
```

Isso criará um novo projeto de aplicativo de console chamado *"CrossPlatformApp"*. Você deve prestar atenção ao caminho da pasta onde o projeto foi criado. Ok?

Abra o Visual Studio e clique em *"Abrir um projeto ou uma solução"*.

Navegue até a pasta onde o projeto foi criado e abra o arquivo "CrossPlatformApp.csproj", que representa o projeto criado na linha de comando.

Observe que ao abrir o projeto uma solução homônima é criada automaticamente no *Gerenciador de Soluções* do Visual Studio. Contudo, a solução não está salva, pois o comando utilizado criou somente o projeto. Se desejar, você pode salvar a solução a qualquer momento.

Abra o arquivo *"Program.cs"* e substitua o código existente pelo seguinte:

```csharp
using System;

namespace CrossPlatformApp
{
    class Program
    {
        static void Main(string[] args)
        {
            string os = GetOperatingSystem();
            Console.WriteLine($"Olá! Você está executando este programa {os}.");
            Console.ReadKey();
        }

        static string GetOperatingSystem()
        {
            if (OperatingSystem.IsLinux())
            {
                return "no Linux";
            }
            else if (OperatingSystem.IsWindows())
            {
                return "no Windows";
            }
            else
            {
                return "em um sistema não identificado";
            }
        }
    }
}
```

Este código detectará o sistema operacional em que está sendo executado e imprimirá uma mensagem apropriada, mesmo quando o SO não for reconhecido.

Compilando e executando

No *Terminal* ou *Prompt de comando*, desloque-se para a pasta do projeto e compile o projeto com o seguinte comando:

```
PROMPT
dotnet build
```

Para executar o programa, use o seguinte comando:

```
PROMPT
dotnet run
```

O programa será executado e imprimirá uma mensagem indicando em qual sistema operacional o programa está rodando.

Distribuição

Se você quiser distribuir o aplicativo para execução em sistemas sem o SDK .NET instalado, o que pode ser bastante comum, pode publicá-lo como um aplicativo independente:

Para Windows

```
PROMPT
dotnet publish -r win-x64 -c Release --self-contained
```

Para Linux

```
PROMPT
dotnet publish -r linux-x64 -c Release --self-contained
```

As opções *"-r"* especificam a plataforma de destino e *"--self-contained"* garante que o aplicativo seja autocontido, incluindo todas as dependências necessárias para a execução.

Assim você comprova a flexibilidade do Visual Studio, enquanto IDE, ao criar um único aplicativo que pode ser executado em diferentes plataformas.

O desenvolvimento de software evoluiu dramaticamente ao longo dos anos, e com ele, as ferramentas que usamos. Hoje, vamos nos aprofundar em uma das ferramentas mais populares e versáteis do mercado: o **Visual Studio Code**.

O Visual Studio Code, também conhecido como **VS Code**, é um editor de código-fonte desenvolvido pela Microsoft. Foi lançado em abril de 2015 e, desde então, conquistou uma grande base de usuários. Uma das razões para sua popularidade é a combinação de simplicidade com poderosas funcionalidades, tudo em uma ferramenta gratuita.

O propósito principal do VS Code é fornecer um ambiente leve e eficiente para escrever código. Ele não é um IDE (Ambiente de Desenvolvimento Integrado) completa como o Visual Studio, mas se situa em algum lugar entre um editor de texto puro e um IDE. Ele oferece recursos como destaque de sintaxe, complementação de código inteligente (*IntelliSense*), *debugging* e, com extensões, pode suportar uma variedade quase ilimitada de linguagens e ferramentas.

Diferenças entre o Visual Studio e o Visual Studio Code

Ao se deparar com *Visual Studio* e *Visual Studio Code*, é comum questionar as diferenças entre eles. Afinal, eles são da mesma empresa, a Microsoft, e compartilham nomes similares. Eu vou esclarecer:

Natureza e propósito

Como mencionado, o *VS Code* é um editor de código otimizado para edição rápida e depuração, enquanto o *Visual Studio* é um IDE completo. Isso significa que o Visual Studio inclui, por padrão, recursos mais avançados, como designers de UI, ferramentas de modelagem, e suporte avançado para desenvolvimento de certos tipos de aplicativos, como aplicações móveis ou jogos.

Peso e velocidade

Devido à sua natureza simplificada, o VS Code é geralmente mais rápido e mais leve que o Visual Studio. É ideal para projetos onde você não precisa de todas as funcionalidades de um IDE completo, ou quando você está trabalhando com várias linguagens e frameworks.

Plataforma

Enquanto o Visual Studio tradicionalmente era uma ferramenta apenas para Windows, embora exista uma versão para Mac já há alguns anos, o VS Code é verdadeiramente multiplataforma. Pode ser usado em *Windows*, *MacOS* e *Linux*.

Extensibilidade

Ambos são extensíveis, mas devido à popularidade do VS Code e a sua natureza mais leve, há uma enorme comunidade e ecossistema de extensões disponíveis para ele, permitindo que ele seja adaptado para quase qualquer cenário de desenvolvimento.

Custo

O VS Code é totalmente gratuito. Embora existam edições gratuitas do Visual Studio (como a edição *Community*), algumas versões mais avançadas são pagas.

Em resumo, tanto o Visual Studio quanto o Visual Studio Code são ferramentas incrivelmente poderosas desenvolvidas pela Microsoft, cada uma com seu próprio conjunto de características e casos de uso. O VS Code, com sua natureza leve e extensibilidade robusta, tornou-se uma escolha favorita para muitos desenvolvedores ao redor do mundo. Se você ainda não experimentou, recomendo que dê uma chance, especialmente considerando que é gratuito. Seja você um novato no mundo da programação ou um veterano, o VS Code tem algo a oferecer. E, à medida que avançamos neste guia, exploraremos ainda mais o que essa ferramenta tem a oferecer, especialmente em combinação com o Linux Mint.

Se você está usando o Linux Mint, um das distribuições Linux mais amigáveis para usuários, a instalação do Visual Studio Code é bastante direta. Vamos abordar os requisitos do sistema, o processo de instalação via interface gráfica e alguns passos adicionais ou especificidades para o Linux Mint.

Requisitos do sistema específicos para o Linux Mint:

- **SO**: Versão mais recente do Linux Mint.
- **RAM**: Recomenda-se pelo menos 2GB, mas 1GB é o mínimo.
- **Espaço em disco**: 200MB para a instalação do VS Code e espaço adicional para extensões e seus projetos.
- **Processador**: Moderno e compatível com arquiteturas x64 ou ARM (dependendo da versão do VS Code que você está instalando).

Instalação via Interface Gráfica:

Antes de instalar qualquer software, é uma boa prática atualizar a lista de pacotes disponíveis. Abra o terminal e execute:

```
LINUX
sudo apt update
```

Depois da atualização, abra o Gerenciador de Aplicativos do Linux e digite "Visual Studio Code" na barra de pesquisa. Como ilustrado na tela abaixo, pode ser que o Visual Studio Code já apareça na lista. Se não aparecer, a pesquisa vai ajudar na localização.

Uma vez localizado, clique em "Visual Studio Code".

O processo de instalação será iniciado e uma tela apresentando uma visão geral do que será instalado é exibida. Clique em **Instalar** para iniciar a instalação. Você pode receber um aviso de softwares adicionais são necessários. Mas não se preocupe, pois tudo será instalado automaticamente! Você só precisa continuar o processo.

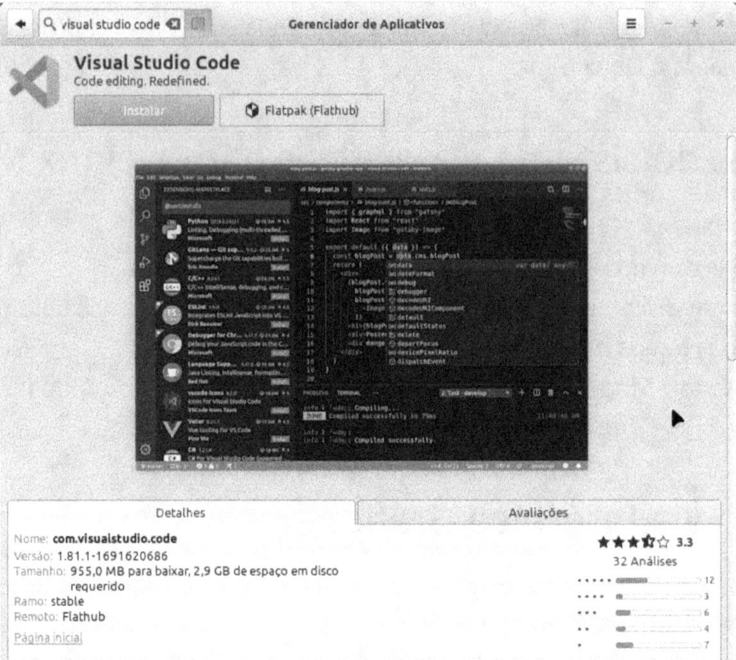

Ao terminar a instalação você verá um botão **Iniciar** e pronto! Foi fácil, não foi? Deu para perceber a diferença do Linux Mint?

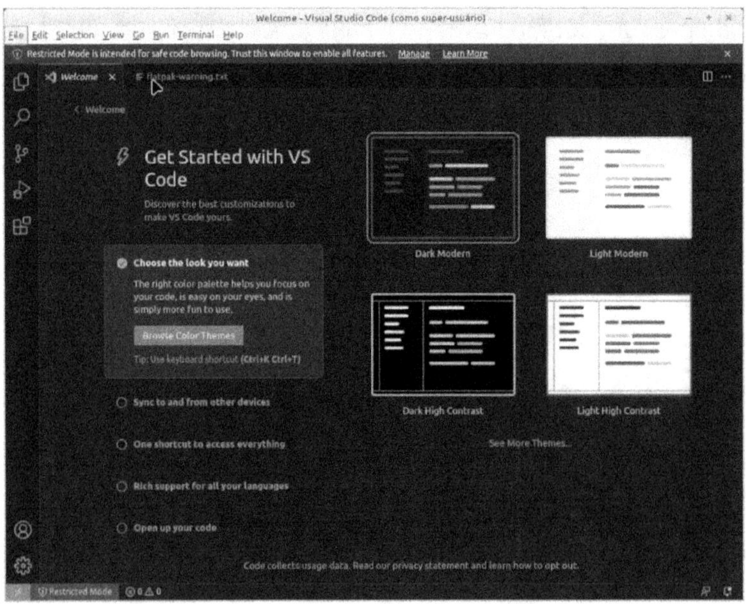

Após a instalação, o Visual Studio Code deve aparecer no menu *Desenvolvimento* no menu de aplicativos do Linux Mint. Você pode acessar este menu clicando no ícone do Linux Mint no canto inferior esquerdo da tela.

Se você estiver usando um tema escuro no Linux Mint e desejar que o Visual Studio Code se integre melhor visualmente, pode optar por usar um tema escuro dentro do próprio VS Code.

Se por acaso você notar que a fonte dentro do Visual Studio Code parece diferente do restante do sistema, pode ajustar as configurações de fonte dentro das configurações do VS Code para melhor integração.

Com esses passos, você terá o Visual Studio Code instalado e configurado no seu Linux Mint.

A primeira vez que abrimos o Visual Studio Code, somos recebidos com uma interface de usuário limpa, mas robusta. A interface é projetada para ser intuitiva e ao mesmo tempo fornecer um conjunto completo de recursos para os desenvolvedores.

Vamos explorar juntos os principais componentes da interface do usuário do VS Code. Mas vamos fazê-lo de forma mais textual, pois a minha intenção é de que neste momento você esteja com o Visual Studio aberto no seu computador, se possível.

Barra de atividades

No lado esquerdo, temos a Barra de Atividades que contém ícones para diferentes visões e contextos. Aqui estão os principais:

- *Explorador*: É onde você encontrará a estrutura de diretórios do seu projeto. Ele permite abrir e gerenciar arquivos e pastas.
- *Pesquisa*: Uma ferramenta poderosa para buscar arquivos ou conteúdo específico em todo o seu projeto.
- *Controle de Versão*: Integração nativa com sistemas de controle de versão como *Git*.
- *Extensões*: Este é o local onde você pode buscar, instalar e gerenciar extensões para aprimorar e personalizar sua experiência no Visual Studio Code.

Editor de Código

No centro, temos o editor de código propriamente dito. É aqui que passaremos a maior parte do nosso tempo. Ele oferece recursos como destaque de sintaxe, dobramento de código e muitas outras funcionalidades que facilitam a leitura e a escrita de código.

Painel lateral direito

Por padrão, você encontrará o minimapa, que é uma representação visual do seu código, permitindo navegar rapidamente por arquivos mais extensos.

Terminal integrado

Uma das grandes características do VS Code é o seu terminal integrado. Pressionando *"Ctrl + \"* no Linux Mint, você pode abrir um terminal diretamente dentro do Visual Studio Code, o que é extremamente útil para execução de scripts, controle de versão ou qualquer outra operação que você normalmente faria no terminal.

Barra de status

Na parte inferior, encontramos a barra de status. Ela fornece informações rápidas sobre o arquivo ou projeto atual, incluindo indicações sobre o controle de versão, a seleção atual e outras informações contextuais.

Breadcrumbs

Acima do editor de código, os *breadcrumbs* exibem a hierarquia do arquivo atual até a raiz do projeto. É uma forma rápida de navegar entre pastas e arquivos sem precisar voltar ao Explorador.

Paleta de comandos

Pressionando *"Ctrl + Shift + P"*, você pode abrir a *Paleta de Comandos*, que fornece acesso rápido a quase todas as funcionalidades do VS Code. É uma ferramenta indispensável para aumentar sua produtividade.

Agora que exploramos a interface básica do Visual Studio Code, espero que você se sinta mais confortável navegando e utilizando a ferramenta. No entanto, como qualquer IDE ou editor de texto, a melhor maneira de se familiarizar é usá-lo regularmente. Com o tempo, você descobrirá atalhos e recursos adicionais que otimizarão sobremaneira o seu jeito de trabalhar com a ferramenta.

10.6 - Extensões e o Marketplace

Quando começamos a explorar o Visual Studio Code, rapidamente percebemos que uma das suas maiores forças é a capacidade de ser expandido e personalizado. O VS Code, por si só, é poderoso, mas as extensões levam essa ferramenta a outro nível, permitindo que o adaptemos ao nosso fluxo de trabalho e às linguagens ou frameworks específicos que estamos usando. Vou te passar uma visão geral sobre as extensões, e você vai entender como elas funcionam.

O que são extensões?

As extensões são como pequenos *módulos* que adicionam funcionalidades e recursos adicionais ao Visual Studio Code. Elas podem variar desde simples realces de até ferramentas completas de desenvolvimento integrado para um framework.

O **Marketplace** é o repositório oficial de extensões para o Visual Studio Code. Nele encontramos milhares de extensões criadas tanto pela Microsoft quanto pela comunidade de desenvolvedores. Para acessar o Marketplace diretamente do VS Code, basta clicar no ícone de extensões na Barra de Atividades ou pressionar *"Ctrl + Shift + X"*.

Instalando extensões

Uma vez no Marketplace, navegar e encontrar extensões é intuitivo. Ao localizar uma extensão de interesse, basta clicar nela para obter mais detalhes e depois clicar no botão **"Instalar"**. Em alguns segundos, a extensão estará pronta para uso.

Gerenciando extensões instaladas

Para ver todas as extensões que instalamos, clicamos novamente no ícone de extensões. Aqui, podemos desativar, atualizar ou desinstalar extensões conforme necessário. É útil revisar periodicamente nossas extensões instaladas para garantir que não temos ferramentas desnecessárias que possam tornar nosso VS Code mais lento.

Configurando extensões

Muitas extensões possuem suas próprias configurações. Ao instalar uma extensão, é sempre uma boa prática verificar sua documentação ou a seção de detalhes no Marketplace para entender todas as suas funcionalidades e possíveis ajustes.

As extensões são um aspecto fundamental do Visual Studio Code, pois permitem adaptar o editor às nossas necessidades. Elas tornam nossa experiência de desenvolvimento mais fluida e produtiva.

10.7 - C# no Linux Mint

Ao trabalharmos com o Visual Studio Code no Linux Mint, descobrimos que o editor oferece suporte a várias linguagens de programação. No entanto, precisamos configurar algumas coisas para começarmos a codificar. Neste tópico, vamos nos concentrar em três populares linguagens: C#, Python e Node.js.

C# no Linux Mint

A primeira coisa que você precisa fazer para poder desenvolver aplicativos C# é instalar o .NET SDK. E aí, mais uma vez, o Linux Mint faz diferença, pois ao invés de necessitar usar o terminal, você pode fazer a instalação usando um ambiente gráfico, como no Windows.

Digite o comando abaixo no *Terminal* do Linux para se certificar que o .NET não está instalado:


```
$ dotnet --version
```

Você deve receber uma mensagem confirmando que o *"dotnet"* não está instalado e apresentando alternativas para a instalação. Faça o seguinte para instalá-lo em ambiente gráfico:

Acesse o *Gerenciador de Aplicativos*, procure por ".net 7", selecione "Dotnet-sdk-7.0" e, na tela que será apresentada, clique em **Instalar**.

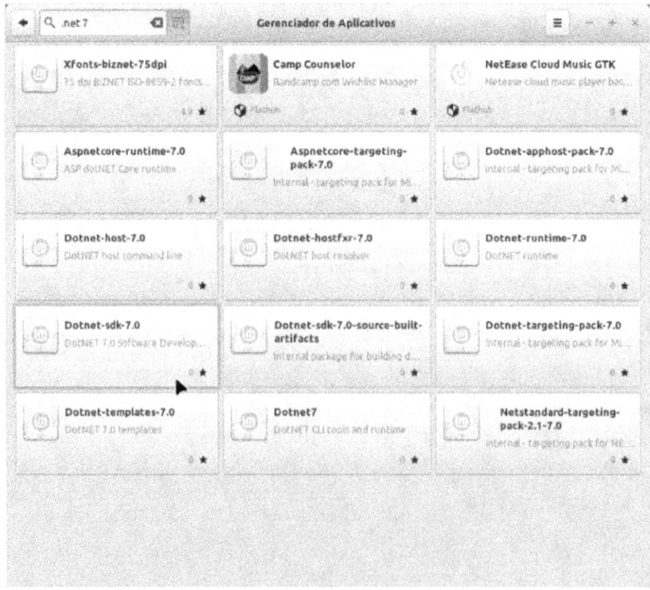

Aguarde o término da instalação e pronto! Se você redigitar o comando acima, terá como resposta a versão do *.Net 7* instalada.

A extensão oficial C# para o Visual Studio Code oferece recursos como <u>destaque de sintaxe</u>, <u>autocompletar</u> e <u>depuração</u>. Para instalá-la, vá ao Marketplace e procure por *"C#"*.
Selecione a extensão fornecida pela Microsoft e clique em **"Install"**.

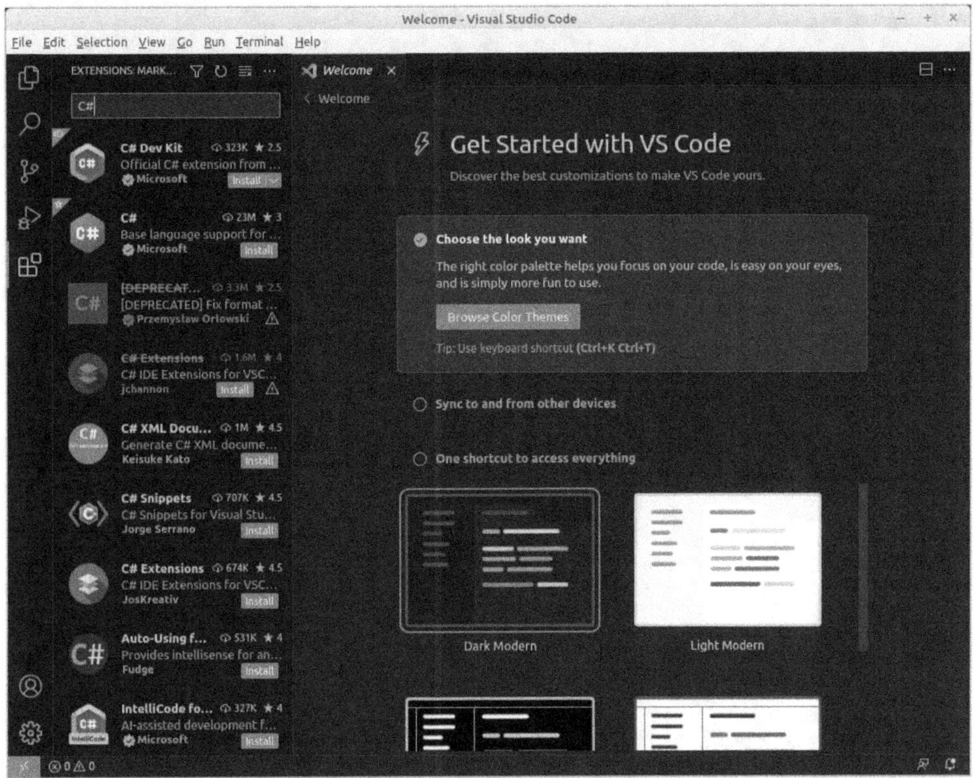

Aguarde o final da instalação, lendo detalhadamente as informações apresentada na tela. Você pode ser convidado a conectar sua conta Microsoft. Se desejar ter o ambiente de desenvolvimento em *"Português do Brasil"* instale a extensão *"Portuguese (Brazil) Language Pack for Visual Studio Code"*, de forma análoga à instalação do *C#*.

E agora, estamos prontos para começar a desenvolver em *C#* no Linux Mint com o Visual Studio Code! A flexibilidade do VS Code, combinada com a robustez do Linux Mint, proporciona uma experiência de desenvolvimento agradável e produtiva.

11

O QUE VEM DEPOIS...

Chagando ao final do livro "C# Essencial - Um Guia Para Iniciantes no Desenvolvimento de Software", me vem à mente que ainda agora eu estava escrevendo sobre a *"História e evolução de C#"* e *"Porquê aprender C#"*, ainda lá no *"Capítulo 1 - Introdução"*. Passaram rapidamente, as quase 200 páginas que nos trouxeram até aqui.

Neste ponto, eu não poderia deixar de agradecer a sua companhia, durante a jornada de conhecimento que foi a leitura deste livro. É verdade que o maior interessado é você! Mas para mim é um grande prazer, e também um desafio, conseguir passar o conhecimento por meio das linhas de um livro técnico.

Espero realmente que este material tenha feito você vislumbrar novos horizontes profissionais e pessoais. Se isso ocorreu, eu logrei êxito na minha missão! E apesar deste ser um material básico, para iniciantes, é neste tipo de conteúdo que surgem os primeiros questionamentos dos programadores iniciantes. Afinal de contas, se ao chegar ao final do livro, o leitor não for capaz de compilar e executar os códigos de exemplos do livro, ele tem total direito de questionar se realmente assimilou o conteúdo.

E é frustrante você digitar todas as linhas de um código e dar de cara com uma mensagem de erro ao tentar executá-lo. E o que é pior: *muitas vezes o erro não está no código, mas em uma sutileza, em um detalhe que você não sabia e que ocasiona o erro de compilação ou de execução*. Coisas do tipo como garantir a existência de uma determinada dependência, por exemplo.

Assim, ficarei muito satisfeito se você chegar a este ponto sem ter passado pela frustração acima. Acredite, era esse o meu objetivo. De qualquer forma, peço desculpas se eu deixei a desejar em qualquer aspecto e garanto que vou procurar melhorar nos próximos livros.

Sim! Se você me perguntar se eu escreverei outros livros sobre C#, a resposta já está dada. Este livro terá como sequencia um livro dedicado às pessoas que queiram expandir o conhecimento essencial em C# que possuem, onde serão abordadas soluções para problemas reais no mundo dos negócios e, talvez, um terceiro livro, cujo assunto fica para outro momento.

Mas antes de nos despedirmos eu preparei uma prévia do que vamos ver no próximo livro. Dê uma olhada no próximo capítulo e entenda o motivo de eu ter decidido "avançar o sinal".

CAPÍTULO

12

AVANÇANDO O SINAL

Este capítulo está situado alguns metros após cruzarmos a linha de chegada da nossa jornada de aprendizado do essencial em C#. Os tópicos que serão abordados aqui serviriam com uma ótima introdução do próximo livro, que irá requerer um sólido conhecimento do essencial de C#. Mas, eu resolvi avançar o sinal e antecipar alguns conceitos, que foram cuidadosamente selecionados para ampliar seus horizontes e permitir que você explore um mundo mais profundo e abrangente no desenvolvimento de aplicações com C#. E é claro, preparar a base de conhecimento que será o ponto de partida da próxima jornada.

Desde a programação assíncrona até a criação de aplicações concorrentes, este capítulo se propõe a ser uma introdução ou revisão com conceitos mais avançados que são essenciais para se destacar no mundo da programação. Os conceitos serão apresentados em nove tópicos, alguns já vistos anteriormente, que resumo a seguir:

Programação assíncrona

Neste tópico inicial, mergulharemos nas águas da programação assíncrona. A capacidade de criar aplicações que continuam respondendo enquanto lidam com operações demoradas é um diferencial. Abordaremos o uso de *async* e *await*, já usados anteriormente neste livro, compreendendo como eles funcionam e aprimorando a experiência do usuário em suas aplicações.

Expressões regulares para manipulação de texto

A manipulação de padrões de texto é uma habilidade poderosa. Neste tópico, exploraremos as expressões regulares, uma ferramenta flexível para buscar, validar e transformar texto. Desde a busca simples até as manipulações mais complexas, você estará preparado para dominar essa habilidade essencial.

Manipulação avançada de coleções com LINQ

A manipulação de coleções é uma parte central do desenvolvimento em C#. Com o LINQ, você será capaz de realizar operações complexas em coleções de forma elegante e eficiente. Ainda, exploraremos a projeção de dados, permitindo extrair apenas as informações necessárias de suas coleções.

Delegates e eventos avançados

Delegates e eventos são fundamentais para a criação de sistemas flexíveis e extensíveis. Vamos mergulhar mais fundo, entendendo como usar delegates multicast para compor funcionalidades e como manipular eventos para criar aplicações mais modularizadas.

Reflexão e Metadados

A reflexão nos permite inspecionar e interagir com metadados de tipos em tempo de execução. Essa habilidade é especialmente útil em cenários complexos e em sistemas que precisam se adaptar dinamicamente. Vamos explorar como utilizar a reflexão de maneira eficiente e entender seu impacto nas aplicações.

Estratégias para otimização de código e profiler

Desenvolver aplicações eficientes é um objetivo constante. Neste tópico, discutiremos estratégias para otimização de código, escolhendo algoritmos corretos e fazendo uso inteligente da memória. Além disso, abordaremos a importância do uso de profilers para identificar e eliminar gargalos de desempenho.

Segurança e Criptografia em aplicações C#

Em um mundo digital, a segurança dos dados é crucial. Abordaremos práticas de segurança, como criptografia, para proteger informações sensíveis. Você aprenderá a proteger dados e garantir comunicações seguras, essenciais para criar aplicações confiáveis.

Manipulação avançada de arquivos

A manipulação de arquivos é uma tarefa comum em muitas aplicações. Vamos explorar recursos avançados que permitirão a leitura e escrita assíncronas de arquivos, operações de diretório eficientes e a manipulação de formatos de arquivo específicos.

Programação concorrente

No mundo moderno, a execução simultânea é uma necessidade. Compreender a programação concorrente é essencial para criar aplicações eficientes e responsivas. Vamos explorar como usar threads e tarefas para tirar proveito da execução simultânea e lidar com desafios de concorrência.

Portanto, prepare-se para uma jornada complementar enriquecedora de conhecimento e prática. Cada tópico abordado aqui foi escolhido com a intenção de aprofundar seu domínio sobre C# e .NET 7.0. Com esses conhecimentos, você estará pronto para enfrentar os desafios do desenvolvimento de software e estará com um norte bem definido em relação ao que está por vir. Mas, lembre-se: isto é só o começo.

Vamos nos despedir mergulhando de cabeça nos detalhes e explorando cada tópico de maneira abrangente. Espero que você veja suas habilidades e compreensão se expandindo, capacitando-o a criar aplicações mais sofisticadas e eficazes.

Vamos lá?

12.2 - Programação Assíncrona

A programação assíncrona é um conceito fundamental no desenvolvimento moderno de software, desempenhando um papel vital na criação de aplicações altamente responsivas e eficientes. Através do uso do *async* e *await* em C#, é possível executar tarefas demoradas sem bloquear a execução da thread principal, garantindo uma experiência do usuário mais fluida e interativa.

Muitas aplicações precisam lidar com operações que consomem tempo, como acesso à rede, leitura/gravação de arquivos e comunicação com bancos de dados. Se essas operações fossem realizadas de forma síncrona, a aplicação poderia parecer "congelada" para o usuário, causando frustração. A programação assíncrona resolve esse problema, permitindo que a thread principal continue respondendo a eventos de interface do usuário enquanto aguarda operações demoradas.

Como lidar com operações assíncronas

A combinação das palavras-chave *async* e *await* simplifica a implementação de operações assíncronas em C#. O *async* é aplicado a um método para indicar que ele contém operações assíncronas, enquanto o *await* pausa a execução do método até que uma operação assíncrona seja concluída.

```csharp
async Task RealizarOperacaoAssincrona()
{
    Console.WriteLine("Iniciando operação assíncrona...");
    await Task.Delay(1000); // Simula uma operação assíncrona de 1 segundo.
    Console.WriteLine("Operação assíncrona concluída.");
}
```

Neste exemplo, *"Task.Delay"* é uma operação simulada que espera por um período definido antes de continuar. Durante esse tempo, a thread principal está livre para realizar outras tarefas, garantindo a responsividade da aplicação.

A utilização adequada da programação assíncrona resulta em uma série de benefícios palpáveis:

- **Responsividade**: A aplicação continua a responder a interações do usuário durante operações demoradas.
- **Desempenho**: A execução assíncrona permite que a aplicação utilize recursos de forma mais eficiente, mantendo a fluidez mesmo sob carga.
- **Experiência do usuário**: Aplicações responsivas oferecem uma experiência mais agradável, mantendo os usuários engajados e satisfeitos.

Cenários ideais para programação assíncrona

A programação assíncrona é ideal para:

- Operações de E/S, como leitura/gravação de arquivos.
- Acesso à rede, incluindo chamadas de API.
- Comunicação com bancos de dados.
- Processamento de tarefas paralelas.

Em suma, a programação assíncrona é um pilar do desenvolvimento de aplicações modernas. Através do *async* e *await*, os desenvolvedores podem melhorar significativamente a responsividade de suas aplicações, oferecendo aos usuários uma experiência interativa e eficiente.

As expressões regulares são ferramentas versáteis e poderosas usadas para trabalhar com padrões de texto em *strings*. Elas oferecem uma maneira concisa de definir e identificar padrões, permitindo realizar operações como validação, busca e substituição de texto. A aplicação correta de expressões regulares pode simplificar tarefas complexas de processamento de texto e contribuir para um código mais eficiente e robusto.

Entendendo as Expressões Regulares

Uma expressão regular é uma sequência de caracteres que define um padrão de busca. Esses padrões podem incluir caracteres literais, classes de caracteres, grupos de captura e quantificadores. Vamos explorar esses conceitos através de exemplos práticos.

Validando um Endereço de E-mail

Imagine que você está construindo um sistema de registro de usuários e precisa validar os endereços de e-mail fornecidos pelos usuários. Vamos usar uma expressão regular para verificar se um endereço de e-mail está em um formato válido.

```csharp
using System.Text.RegularExpressions;

string email = "exemplo@email.com";
string padraoEmail = @"^[a-zA-Z0-9._%+-]+@[a-zA-Z0-9.-]+\.[a-zA-Z]{2,}$";

if (Regex.IsMatch(email, padraoEmail))
{
    Console.WriteLine("Endereço de e-mail válido.");
}
```

Neste exemplo, a expressão regular *"padraoEmail"* verifica se o formato do endereço de e-mail está correto, seguindo os padrões comuns de formatação.

Classes de Caracteres e Quantificadores

As classes de caracteres e quantificadores são partes essenciais das expressões regulares.

"[a-zA-Z0-9._%+-]": Esta classe de caracteres define os caracteres permitidos antes do símbolo "@" em um endereço de e-mail.

"+": O quantificador "+" indica que a classe de caracteres anterior deve aparecer uma ou mais vezes.

Aprimorando a expressão regular

A expressão regular pode ser aprimorada ainda mais para incluir validações mais detalhadas, como o comprimento mínimo do nome de usuário e o número mínimo de caracteres no domínio.

```csharp
string padraoEmailAprimorado = @"^[a-zA-Z0-9._%+-]{3,}@[a-zA-Z0-9.-]+\.[a-zA-Z]{2,}$";
```

Neste exemplo, adicionamos "{3,}" após a classe de caracteres do nome de usuário para exigir pelo menos três caracteres.

O uso de expressões regulares oferece uma abordagem poderosa para lidar com manipulação de texto. Ao dominar essa ferramenta, você pode:

- Validar dados de entrada de forma eficiente e precisa.
- Realizar buscas em grandes volumes de texto.
- Formatar e limpar dados de maneira consistente.

No entanto, é importante equilibrar a complexidade das expressões regulares com a legibilidade do código. Expressões muito complexas podem se tornar difíceis de entender e manter. Portanto, sempre busque um equilíbrio entre a funcionalidade e a clareza.

Em resumo, as expressões regulares são uma habilidade valiosa para qualquer desenvolvedor, permitindo manipular padrões de texto de maneira poderosa e eficaz.

A habilidade de manipular coleções eficientemente é um diferencial no desenvolvimento de software. No mundo do C#, o **Language Integrated Query** (LINQ) introduz uma abordagem poderosa e simplificada para consultas e manipulações de dados em coleções. Ao dominar o LINQ, você pode otimizar suas operações de manipulação de dados e melhorar a legibilidade do código.

O LINQ oferece uma abordagem uniforme para consultas de dados, independentemente do tipo de coleção que você está manipulando. Isso inclui arrays, listas, dicionários e até bancos de dados. A sintaxe intuitiva do LINQ ajuda a expressar as intenções da consulta de maneira clara e concisa, tornando a manutenção do código uma tarefa mais simples.

Filtragem e projeção simplificadas

Imagine que você tem uma lista de produtos e deseja obter os produtos que estão em estoque e projetá-los em um formato mais informativo. O LINQ torna essa tarefa fácil e legível.

```csharp
List<Produto> produtos = ObterListaDeProdutos();
var produtosEmEstoque = produtos
    .Where(p => p.Estoque > 0)
    .Select(p => new { Nome = p.Nome, Preco = p.Preco });

foreach (var produto in produtosEmEstoque)
{
    Console.WriteLine($"Nome: {produto.Nome}, Preço: {produto.Preco}");
}
```

Neste exemplo, o LINQ permite filtrar os produtos em estoque e projetá-los em uma nova estrutura de dados anônima contendo o nome e o preço. O código se torna uma descrição clara da operação que está sendo realizada.

Ordenação elegante com "OrderBy"

A ordenação é uma operação comum em manipulação de coleções. Com o LINQ, você pode ordenar os produtos por preço de forma elegante:

```csharp
var produtosOrdenados = produtos.OrderBy(p => p.Preco);

foreach (var produto in produtosOrdenados)
{
    Console.WriteLine($"Nome: {produto.Nome}, Preço: {produto.Preco}");
}
```

Benefícios da manipulação de coleções com LINQ

- **Clareza**: A sintaxe do LINQ torna o código mais claro e descritivo.
- **Produtividade**: As operações complexas podem ser realizadas com menos código.
- **Flexibilidade**: O LINQ pode ser aplicado em várias coleções e cenários.
- **Manutenção**: A estrutura do LINQ facilita a alteração ou expansão de consultas.

Dominar o LINQ abre portas para eficiência e legibilidade no seu código. A manipulação avançada de coleções com LINQ é uma habilidade valiosa para programadores C# que desejam criar aplicações robustas e eficientes. Ao entender e aplicar os recursos do LINQ, você estará preparado para enfrentar desafios de manipulação de dados com confiança.

Delegates são tipos de dados que representam referências a métodos. Eles permitem a criação de código flexível que pode ser passado como argumento para funções ou invocado de maneira assíncrona. Os eventos são uma abstração construída sobre delegates, permitindo que objetos notifiquem outros objetos quando algo acontece.

Delegates multicast e composição de métodos

Os delegates multicast permitem compor vários métodos em um único delegado. Isso é extremamente útil quando múltiplos métodos precisam ser chamados em resposta a um único evento.

```csharp
public delegate void MeuDelegate(string mensagem);

MeuDelegate meuDelegado = Metodo1;
meuDelegado += Metodo2;
meuDelegado("Chamando delegates multicast.");
```

Neste exemplo, *"Metodo1"* e *"Metodo2"* são métodos associados ao delegado *meuDelegado*. Ao chamar o delegado, ambos os métodos são executados em sequência.

Manipulação de eventos

Os eventos são uma maneira estruturada de usar delegates para notificar classes sobre a ocorrência de ações específicas.

```csharp
public class Publicador
{
    public event MeuDelegate MeuEvento;

    public void DispararEvento(string mensagem)
    {
        MeuEvento?.Invoke(mensagem);
    }
}

public class Assinante
{
    public void ManipularEvento(string mensagem)
    {
        Console.WriteLine("Evento manipulado: " + mensagem);
    }
}
```

No exemplo anterior, a classe *Publicador* possui um evento *"MeuEvento"* que é associado ao delegado *MeuDelegate*. A classe *Assinante* pode se inscrever para receber notificações sobre o evento e manipulá-lo.

Benefícios da abordagem de delegates e eventos

- **Modularidade**: A arquitetura baseada em delegates e eventos permite que os componentes se comuniquem de forma flexível sem acoplamento rígido.
- **Extensibilidade**: Novos métodos podem ser facilmente adicionados à sequência de chamada de delegates multicast.
- **Separação de responsabilidades**: O código de tratamento de eventos é separado do código que dispara os eventos, tornando a lógica mais organizada.

Delegates e eventos são ideais para:

- Comunicação entre componentes de software.
- Implementação de padrões de design como Observer.
- Implementação de loggers e sistemas de registro.

Dominar a manipulação de delegates e eventos em C# é um passo importante para criar sistemas flexíveis e modularizados. A habilidade de compor métodos, invocar ações assíncronas e criar notificações estruturadas amplia a caixa de ferramentas do desenvolvedor para criar aplicações mais flexíveis e adaptáveis.

12.6 - Reflexão e Metadados

A Reflexão, ou Reflection, é uma característica poderosa em linguagens de programação, incluindo C#, que permite que um programa examine e interaja com sua própria estrutura interna. Com a capacidade de acessar metadados e tipos em tempo de execução, os desenvolvedores podem criar soluções dinâmicas, explorar informações detalhadas sobre as classes e ampliar a funcionalidade de suas aplicações.

Reflexão é o processo de inspecionar metadados, como informações sobre tipos, assemblies e membros de classes, em tempo de execução. Isso permite que você descubra e manipule informações sobre o código sem ter que conhecer todos os detalhes em tempo de compilação.

Explorando tipos e metadados

A classe *Type* em C# é fundamental para trabalhar com reflexão e metadados. Ela permite acessar informações sobre tipos, criar instâncias dinâmicas e invocar métodos em tempo de execução.

```csharp
Type tipoDaClasse = typeof(MinhaClasse);
MethodInfo[] metodos = tipoDaClasse.GetMethods();

foreach (MethodInfo metodo in metodos)
{
    Console.WriteLine($"Nome do método: {metodo.Name}");
}
```

Neste exemplo, usamos o método *"GetMethods"* para obter todos os métodos da classe *MinhaClasse* e, em seguida, iteramos sobre eles para exibir seus nomes.

Criando instâncias dinâmicas

A reflexão também permite criar instâncias de tipos desconhecidos em tempo de execução.

```csharp
Type tipoDaClasse = typeof(MinhaClasse);
MethodInfo[] metodos = tipoDaClasse.GetMethods();

foreach (MethodInfo metodo in metodos)
{
    Console.WriteLine($"Nome do método: {metodo.Name}");
}
```

Benefícios da reflexão e metadados

- **Flexibilidade**: A reflexão permite criar código que pode se adaptar a diferentes situações sem conhecer todos os detalhes em tempo de compilação.
- **Análise dinâmica**: É possível examinar e entender detalhes internos de classes e assemblies sem acesso direto ao código-fonte.
- **Extensibilidade**: As bibliotecas podem ser projetadas de forma mais extensível usando reflexão para descobrir e interagir com tipos desconhecidos.

A reflexão é útil em:

- Estruturas de extensibilidade de plugins.
- Ferramentas de análise estática de código.
- Sistemas de serialização/desserialização dinâmica.

A reflexão e o uso de metadados são ferramentas avançadas que podem abrir novas possibilidades de desenvolvimento. No entanto, deve ser usada com cuidado, pois introduz complexidade e pode afetar o desempenho. Ao compreender e aplicar a reflexão de maneira apropriada, os desenvolvedores podem criar sistemas mais dinâmicos e flexíveis.

Garantir que o seu código seja eficiente em termos de desempenho é crucial para oferecer uma experiência de usuário satisfatória e para reduzir os custos operacionais. Neste tópico, exploraremos estratégias para otimizar o código e como o uso de profilers pode auxiliar na identificação de gargalos de desempenho.

Otimização de código não deve ser uma tarefa tardia. Compreender os princípios básicos da otimização e aplicá-los desde o início do desenvolvimento pode evitar problemas de desempenho no futuro. Algumas estratégias incluem:

- **Algoritmos eficientes**: Escolha os algoritmos certos para o problema, levando em conta a complexidade e a escala.
- **Alocação de memória**: Reduza a alocação e desalocação desnecessárias de memória. Use pools de objetos ou estruturas reutilizáveis quando possível.
- **Cache-Friendly Code**: Projete seu código de forma a tirar vantagem da hierarquia de memória do sistema, minimizando falhas de cache.
- **Operações assíncronas**: Utilize operações assíncronas para evitar bloqueios e manter a responsividade da aplicação.
- **Perfil de uso da CPU**: Identifique partes do código que consomem mais CPU e busque otimizá-las.

Uso de profilers para identificar gargalos de desempenho

Profiling é uma técnica para coletar informações sobre como um programa está sendo executado. *Profilers* fornecem insights valiosos sobre quais partes do código estão consumindo mais tempo de execução e recursos.

Tipos de profilers

- **Profilers de CPU**: Medem o tempo de execução de cada função, ajudando a identificar onde a maior parte do tempo é gasta.
- **Profilers de Memória**: Monitoram o uso de memória e ajudam a identificar vazamentos e alocações excessivas.
- **Profilers de E/S**: Rastreiam operações para identificar gargalos de E/S.

Exemplo de uso de profiler

```csharp
using System;
using System.Diagnostics;

class Program
{
    static void Main()
    {
        var stopwatch = new Stopwatch();
        stopwatch.Start();

        // Código a ser perfilado

        stopwatch.Stop();
        Console.WriteLine($"Tempo total:
{stopwatch.ElapsedMilliseconds}ms");
    }
}
```

Benefícios do uso de profilers

- Identificação precisa de gargalos de desempenho.
- Fornecimento de dados concretos para tomar decisões de otimização.
- Ajuda a direcionar os esforços de otimização para áreas críticas.

Ao aplicar estratégias eficazes de otimização de código e usar profilers para identificar gargalos, você pode garantir que sua aplicação seja eficiente, responsiva e capaz de lidar com cargas de trabalho crescentes.

A segurança da informação é uma preocupação crítica no desenvolvimento de software. Neste tópico, exploraremos práticas de segurança e técnicas de criptografia que podem ser aplicadas em aplicações C# para proteger dados sensíveis e comunicações contra ameaças.

A segurança é um pilar fundamental para a confiança dos usuários em uma aplicação. Vazamentos de dados, ataques de injeção, roubo de identidade e outras ameaças podem ter consequências devastadoras. As aplicações C# não são exceção e devem ser projetadas com segurança em mente desde o início.

Criptografia: protegendo dados sensíveis

A criptografia é uma técnica essencial para proteger dados sensíveis contra acessos não autorizados. C# oferece uma variedade de classes e métodos para facilitar a implementação de criptografia.

Exemplo de Uso de Criptografia

```csharp
using System;
using System.Security.Cryptography;
using System.Text;

class Program
{
    static void Main()
    {
        string textoOriginal = "Dados sensíveis";

        using (Aes aesAlg = Aes.Create())
        {
            aesAlg.GenerateKey();
            aesAlg.GenerateIV();

            byte[] textoCifrado = Criptografar(textoOriginal, aesAlg.Key, aesAlg.IV);
            string textoDecifrado = Descriptografar(textoCifrado, aesAlg.Key, aesAlg.IV);

            Console.WriteLine($"Texto original: {textoOriginal}");
            Console.WriteLine($"Texto decifrado: {textoDecifrado}");
        }
    }

    static byte[] Criptografar(string texto, byte[] chave, byte[] iv)
    {
        using (Aes aesAlg = Aes.Create())
        {
            aesAlg.Key = chave;
            aesAlg.IV = iv;
```

```csharp
            ICryptoTransform encryptor = aesAlg.CreateEncryptor(aesAlg.Key,
aesAlg.IV);

            using (MemoryStream msEncrypt = new MemoryStream())
            {
                using (CryptoStream csEncrypt = new CryptoStream(msEncrypt,
encryptor, CryptoStreamMode.Write))
                {
                    using (StreamWriter swEncrypt = new
StreamWriter(csEncrypt))
                    {
                        swEncrypt.Write(texto);
                    }
                }
                return msEncrypt.ToArray();
            }
        }
    }

    static string Descriptografar(byte[] textoCifrado, byte[] chave, byte[]
iv)
    {
        using (Aes aesAlg = Aes.Create())
        {
            aesAlg.Key = chave;
            aesAlg.IV = iv;

            ICryptoTransform decryptor = aesAlg.CreateDecryptor(aesAlg.Key,
aesAlg.IV);

            using (MemoryStream msDecrypt = new MemoryStream(textoCifrado))
            {
                using (CryptoStream csDecrypt = new CryptoStream(msDecrypt,
decryptor, CryptoStreamMode.Read))
                {
                    using (StreamReader srDecrypt = new
StreamReader(csDecrypt))
                    {
                        return srDecrypt.ReadToEnd();
                    }
                }
            }
        }
    }
}
```

Neste exemplo, utilizamos a classe *Aes* da biblioteca *System.Security.Cryptography* para criptografar e descriptografar um texto. A *"chave"* e o *"iv"* são gerados automaticamente e podem ser usados para descriptografar o texto posteriormente.

Protegendo comunicações com HTTPS

Quando uma aplicação C# se comunica com serviços externos ou APIs, é essencial garantir que as comunicações sejam seguras e confidenciais. A adoção do protocolo *HTTPS (HTTP Secure)* é uma prática recomendada.

Exemplo de uso de HTTPS

```csharp
using System;
using System.Net.Http;

class Program
{
    static async Task Main()
    {
        using (HttpClient httpClient = new HttpClient())
        {
            HttpResponseMessage response = await
httpClient.GetAsync("https://www.exemplo.com");
            string conteudo = await response.Content.ReadAsStringAsync();

            Console.WriteLine(conteudo);
        }
    }
}
```

Neste exemplo, o código utiliza o *"HttpClient"* para fazer uma requisição HTTPS ao site de exemplo. O uso do HTTPS garante que a comunicação seja criptografada e segura.

Benefícios da implementação de segurança e criptografia

- **Proteção de dados**: Criptografia ajuda a proteger informações sensíveis, mesmo em caso de violação de segurança.
- **Confidencialidade**: Comunicações seguras garantem que os dados sejam trocados apenas entre as partes autorizadas.
- **Conformidade**: Muitos setores e regulamentações exigem práticas de segurança e proteção de dados.

A segurança e a criptografia são componentes críticos para o desenvolvimento de aplicações C# confiáveis. Ao adotar práticas de segurança, implementar criptografia adequada e proteger as comunicações, você estará criando uma base sólida para proteger dados sensíveis e garantir a confiança dos usuários.

A manipulação de arquivos é uma tarefa essencial em muitas aplicações, e C# oferece recursos robustos para lidar com essa necessidade. Neste tópico, mergulharemos nas funcionalidades avançadas de manipulação de arquivos, incluindo leitura e escrita assíncronas, operações de diretório e manipulação de formatos de arquivo específicos.

Em aplicações modernas, é crucial manter a responsividade mesmo durante operações de leitura e escrita de arquivos. C# permite que você execute essas operações de forma assíncrona, garantindo que a interface do usuário permaneça responsiva.

Exemplo de leitura assíncrona

```csharp
using System;
using System.IO;
using System.Threading.Tasks;

class Program
{
    static async Task Main()
    {
        using (StreamReader leitor = File.OpenText("arquivo.txt"))
        {
            string linha;
            while ((linha = await leitor.ReadLineAsync()) != null)
            {
                Console.WriteLine(linha);
            }
        }
    }
}
```

Neste exemplo, o método *"ReadLineAsync"* é usado para ler o arquivo de forma assíncrona, garantindo que a aplicação não seja bloqueada durante a operação.

Operações de diretório e manipulação de arquivos

Em um mundo digital repleto de informações e dados, a habilidade de manipular arquivos e diretórios de forma eficiente é de suma importância para qualquer desenvolvedor de software. Em ambientes de programação como C#, essas operações desempenham um papel vital no desenvolvimento de aplicações que precisam interagir com dados persistentes e dinâmicos.

As operações de diretório e manipulação de arquivos não apenas abrangem a leitura e gravação de dados, mas também envolvem a organização e o gerenciamento de informações valiosas.

C# oferece uma variedade de métodos para realizar operações de diretório, como listar arquivos, criar pastas e verificar a existência de arquivos.

Exemplo de manipulação de diretório

```csharp
using System;
using System.IO;

class Program
{
    static void Main()
    {
        string diretorio = @"C:\MeusDocumentos";

        if (!Directory.Exists(diretorio))
        {
            Directory.CreateDirectory(diretorio);
            Console.WriteLine("Diretório criado com sucesso.");
        }
        else
        {
            Console.WriteLine("O diretório já existe.");
        }
    }
}
```

Neste exemplo, o código verifica se um diretório existe e, caso contrário, cria o mesmo.

Manipulação de formatos de arquivo específicos

Muitas vezes, é necessário manipular formatos de arquivo específicos, como XML ou JSON. C# oferece bibliotecas integradas para trabalhar com esses formatos.

Em uma era digital onde os dados movem o mundo, a manipulação de informações de maneira eficiente e organizada é fundamental para o desenvolvimento de aplicativos modernos.

Entre os diversos formatos de dados disponíveis, o JSON (JavaScript Object Notation) emergiu como um dos mais populares e versáteis. A capacidade de manipular arquivos JSON não é apenas uma habilidade valiosa, mas também uma necessidade para qualquer desenvolvedor de software.

Exemplo de manipulação de JSON

```csharp
using System;
using System.Text.Json;

class Program
{
    static void Main()
    {
        var objeto = new { Nome = "Alice", Idade = 30 };
        string json = JsonSerializer.Serialize(objeto);

        Console.WriteLine(json);

        var objetoDeserializado = JsonSerializer.Deserialize<dynamic>(json);
        Console.WriteLine($"Nome: {objetoDeserializado.Nome}, Idade: {objetoDeserializado.Idade}");
    }
}
```

Neste exemplo, a classe *JsonSerializer* é usada para serializar e deserializar objetos para e a partir do formato JSON.

Benefícios da manipulação avançada de arquivos

- **Interatividade**: Operações assíncronas mantêm a interface interativa.
- **Organização**: Manipulação de diretório ajuda a organizar arquivos e pastas.
- **Flexibilidade**: Bibliotecas integradas facilitam a manipulação de formatos específicos.

Ao entender e aplicar operações assíncronas, manipulação de diretórios e tratamento de formatos específicos, você estará preparado para lidar com diversos cenários de manipulação de arquivos.

A programação concorrente é uma técnica essencial para criar aplicações eficientes e responsivas que podem executar várias tarefas simultaneamente. Neste tópico, exploraremos como aproveitar a execução simultânea, lidar com concorrência de dados e usar sincronização para evitar condições de corrida.

A programação concorrente permite que várias tarefas sejam executadas ao mesmo tempo, maximizando a eficiência do processador e melhorando a experiência do usuário. Em C#, você pode aproveitar essa execução simultânea usando threads e tarefas.

Exemplo de uso de threads

```csharp
using System;
using System.Threading;

class Program
{
    static void Main()
    {
        Thread thread1 = new Thread(() => ImprimirNumeros( ,  ));
        Thread thread2 = new Thread(() => ImprimirNumeros( ,  ));

        thread1.Start();
        thread2.Start();

        thread1.Join();
        thread2.Join();

        Console.WriteLine("Todas as threads concluidas.");
    }

    static void ImprimirNumeros(int inicio, int fim)
    {
        for (int i = inicio; i <= fim; i++)
        {
            Console.WriteLine(i);
        }
    }
}
```

Neste exemplo, duas threads são usadas para imprimir números em paralelo.

Lidando com concorrência de dados

Quando várias threads ou tarefas compartilham dados, podem ocorrer problemas de concorrência, como condições de corrida. Em C#, você pode usar mecanismos como *lock* para sincronizar o acesso a recursos compartilhados.

Exemplo de uso de Lock

```csharp
using System;
using System.Threading;

class Program
{
    static int contador = 0;
    static object locker = new object();

    static void Main()
    {
        Thread thread1 = new Thread(IncrementarContador);
        Thread thread2 = new Thread(IncrementarContador);

        thread1.Start();
        thread2.Start();

        thread1.Join();
        thread2.Join();

        Console.WriteLine($"Valor final do contador: {contador}");
    }

    static void IncrementarContador()
    {
        for (int i = 0; i < 100000; i++)
        {
            lock (locker)
            {
                contador++;
            }
        }
    }
}
```

Neste exemplo, duas threads incrementam o contador em paralelo, mas o uso do *lock* garante que o acesso ao contador seja sincronizado.

Benefícios da programação concorrente

- **Eficiência**: Aproveita os recursos do processador para realizar várias tarefas simultaneamente.
- **Responsividade**: Mantém a interface responsiva, evitando bloqueios.
- **Desempenho**: Pode melhorar o desempenho em sistemas multicore.

A programação concorrente é uma habilidade fundamental para criar aplicações responsivas e eficientes. Ao entender como aproveitar a execução simultânea, lidar com concorrência de dados e usar mecanismos de sincronização, você estará preparado para desenvolver aplicações que se beneficiam do poder da programação concorrente.

Agora sim eu considero a nossa jornada terminada! Os tópicos abordados neste capítulo, ainda que de forma bastante introdutória e meio que "soltos", são uma base de conhecimento que você precisa adquirir para realmente mudar de patamar e galgar melhores posições no mercado de desenvolvimento de software.

O livro como todo fornece, no meu entender, uma sólida base de conhecimento para que você dê a largada e percorra a estrada de uma carreira de sucesso. Só não avance muitos sinais! Procure construir o seu conhecimento de forma gradativa, sem queimar etapas e sem atropelos. Entenda que o verdadeiro programador e um bom analista de sistemas são forjados na frente do teclado e com as unhas no código.

Despeço-me de você torcendo que a nossa jornada lhe tenha sido agradável como foi para mim. Os planos para os próximos livros estão a todo vapor, mas como eu não tenho nenhuma pretensão de negar o que a realidade impõe, a confecção de tais obras dependerá muito da aceitação pelo mercado deste livro que você acabou de ler. Se tudo der certo nos veremos em breve!

Até o próximo livro, se Deus quiser!

SOBRE O AUTOR

Ronaldo Cesar E. dos Santos é natural do Rio de Janeiro, matemático, analista de sistemas, professor universitário e reside atualmente na cidade de Maricá - RJ.

Há mais de 20 anos desempenha atividades profissionais no CASNAV - Centro de Análises de Sistemas Navais, da Marinha do Brasil, onde atuou no desenvolvimento de sistemas para a avaliação operacional das corvetas classe Inhaúma, a partir de 2001. Posteriormente, a partir de 2004, atuou no desenvolvimento da primeira versão, ainda em Delphi, do SadLog (Sistema de Apoio à Decisão Logística) e, desde o ano de 2006, atua como o desenvolvedor do software de apoio ao "Estudo Atuarial das Pensões Militares", das Forças Armadas. Paralelamente a esta última atividade, atuou no desenvolvimento de extratores de dados para a avaliação operacional das Fragatas Classe Niterói Modernizadas.

O autor teve o privilégio de atuar destacado na DFM – Diretoria de Finanças da Marinha, onde teve a oportunidade ímpar de interagir com oficiais de alto gabarito e assimilar conceitos em outras áreas do conhecimento, como contabilidade e finanças, que contribuíram sobremaneira para o aprimoramento do estudo e do software que o apoia.

Ronaldo é casado com Glaucia F. Santos que, além de ser a companheira de vida e pilar de sustentação em todos os momentos, é também empresária e responsável por gerenciar a Arcádia Sistemas, uma empresa de tecnologia que fundaram em 2004. É também o orgulhoso pai da jovem Ana Luisa.

Em 2021, um infarto agudo do miocárdio quase interrompeu a sua jornada. Mas, com a graça de Deus e a intercessão da Virgem Maria, ele superou este momento difícil e, mesmo tendo que abrir o peito para a colocação de quatro pontes de safena no coração, compreendeu que os conhecimentos adquiridos que o fizeram "pensar fora da caixa" estavam corretos, validados e apontavam o melhor caminho para a nova fase da sua vida, que se iniciara quando ele abriu os olhos ao voltar da cirurgia.

Tudo estava como antes, graças a Deus! Mas depois de um sinal claro como sobreviver a um infarto, nada, nada mais seria como antigamente para o autor deste livro! E assim está sendo... Ronaldo vem se dedicando à conversão integral do seu modelo de trabalho e de negócios para o digital, buscando a qualidade de vida que é necessária e indispensável nesta fase da sua vida. E neste sentido, a praia de Itaipuaçu, um cantinho do belo litoral do Rio de Janeiro, vem sendo até o presente momento um ótimo refúgio.

*Neste livro o autor se dedicou a mostrar que uma linguagem de programação é apenas uma ferramenta e que, como tal, deve ser usada da forma certa para produzir os resultados desejados. E ele argumenta que, de forma análoga, a vida é constituída de ciclos, de fases, de momentos. E que é deveras importante você saber reconhecer quando um novo clico se inicia, às vezes por meio de uma oportunidade única, a fim de poder aproveitar o verdadeiro sentido da vida: **viver**!*